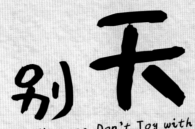

天啊別逗了！

Dear Heavens, Don't Toy with me.

7460757；警用725-5233
7460994
cib.npa.gov.tw

文者：李盈霆君
文日期：中華民國112年5月26日
文字號：府授警刑字第1128850158號
別：普通件
密等及解密條件或保密期限：
附件：

主旨：有關臺端於本（112）年5月15日致電總統府陳情表示孩子
同學臉書遭盜用詐騙等情事，復如說明，請查照。

說明：
一、依據總統府112年5月17日華總公三字第11210030200號書函
辦理。
二、有關臺端陳情遭詐騙一案，本府警察局已依規定受理並
極偵辦當中，相關偵辦進度均有致電向臺端說明，亦可
內政部警政署全球資訊網查詢。
三、本府已透過各種管道加強宣導相關反詐騙資訊，另提醒
OTP密碼(手機簡訊驗證碼)是透過動態生產，一次性、
過即廢除的一段密碼，目的是驗證使用者身份的真實性
故切勿將OTP密碼隨意告知他人。如擔心青少年遭詐
權他人，可另行致電電信公司要求關閉小額付費服務
還有任何可疑，請立即撥打165反詐騙專線或110報案
詢，或追蹤本府警察局「竹縣警好客」、「竹縣
頁，以掌握更多更新的防詐知識。

復請查照。

1120006770號

府警察局協助
復您。

天啊！別逗了　Dear Heavens, Don't Toy with me.

天啊！別逗了 Dear Heavens, Don't Toy with me. —

天啊－別逗了 Dear Heavens, Don't Toy with me.

天啊！別逗了　Dear Heavens, Don't Toy with me.

天啊！別逗了　Dear Heavens, Don't Toy with me.

原生模式
BEAUTYCAM

天啊－別逗了 Dear Heavens, Don't Toy with me.─

天啊！-別逗了 Dear Heavens, Don't Toy with me.

天啊！別逗了 Dear Heavens, Don't Toy with me.

天啊！別逗了 Dear Heavens, Don't Toy with me.

天啊──別逗了　Dear Heavens, Don't Toy with me.──

天啊！別逗了 Dear Heavens, Don't Toy with me. ─

天啊！別逗了 Dear Heavens, Don't Toy with me.

天啊！－別逗了 Dear Heavens, Don't Toy with me. ──

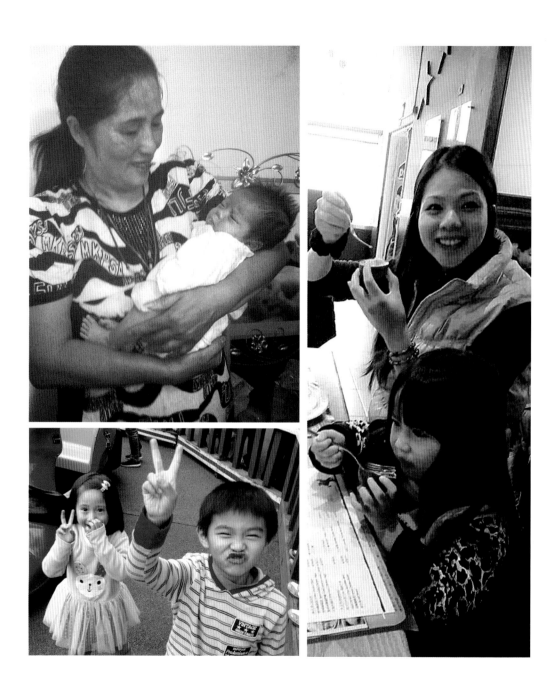

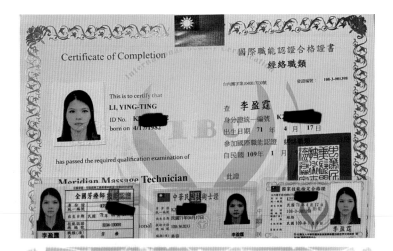

竹荷月足體養生會館~~

盈霆老師,從事美容美體至今約有 14 年的相關經驗(含開業授課),具有美容/芳療/經絡/長照等相關證照。

盈霆老師常說只要用心學習按摩,一技在身、終生受用!

以往傳統美容技能訓練皆以技術指導為主,學員長期僅知其然而不知其所以然。盈霆老師以學理結合技能教學模式,於技術傳承前先令學員了解學理基礎,在執行技術示範及技術修正等方式,不僅學員能學習成效快速,同時學員能更具備專業知識!

透過盈霆老師的教學方式,只要能用心學習,不怕學不會!就能簡單且快速學會後學生都能獨立作業。

教學內容:

如何透過經絡更瞭解自己、如何透過美容美體按摩釋放情緒壓力、融合美容美體、經絡、靜心、脊椎放鬆、筋膜鬆筋、推拿、按摩、指壓、油推與自我保養技術、專長的最佳選擇。

一、如何透過經絡更瞭解自己
二、如何透過經絡按摩釋放情緒壓力
三、美容美體可以增加免疫系統,安定神經刺激全身代謝循環
四、如何運用經絡效益增加工作能力與提升人際關係
五、專業經絡師的未來發展、職場概況、生涯規劃
六、專業手法示範教學、一對一手法實作、經絡靜心體驗分享

＊授課教學:一對一原價 NT$36,000 優惠 NT$30,000

優惠一對二教學 NT$25,000 元

歡迎來電洽詢:03-668-2849

怎麼會這麼好騙？

為了寫這本書，我本是一個不過問時事的人，一直沉醉
在自己的世界裡，做一個療癒客人的芳療師。

因為我自己的小孩遇到了詐騙跟客人分享後，才知道現
今社會有很多很多類似的案件，也有很多的受害者。還
有很多客人給我的資訊跟 OS 司法上的問題、程序上的
問題，我自己去面對才知道原來這社會真的有問題。

我希望透過這本書先自我介紹、我的個性、我的努力讓
大家了解，然後透過很多故事性讓大家重視這件事，希
望政府跟未來要當選的人有能力把這一些事情重視而改
變這些機制，不要因為層出不窮、常發生的事，讓人民
非常無奈！

目次

第 **1** 章

兒時記憶

在我兒時的記憶中，我家庭的背景對我影響深遠。我的原生家庭是一個典型的農村家庭，爸爸是家中的長子，他年輕時曾經承擔了許多責任。我記得爸爸在放牛的同時還要照顧家裡的小孩子們。可惜，奶奶在他很小的時候就過世了，所以爸爸在成長過程中沒有母親的照顧。儘管如此，爸爸靠著自己的努力和毅力，一手帶大了最小的叔叔，由於爸爸沒有接受過很好的教育，只讀過國小還不算畢業，很早就出社會幫忙家裡謀生。在他大約 36 歲左右的時候，他跟我媽媽提親並結婚了，聘禮是整整 96000 元。當時的金額對我們來說是相當大筆的錢，我還記得他好像也向別人借過一些錢。

而我的媽媽的原生家庭，那一輩的家族是有錢的阿舍，到了我外公那一代，家族已經沒落了。媽媽在家中排行老四，家境相對貧困。因為家裡的貧困，大阿姨很早就嫁人了。大阿姨年長媽媽十幾歲，覺得媽媽很可憐，於是就將媽媽帶在身邊跟表姐一起長大。後來長到要讀書的年紀，我媽媽被帶回家讀書。從很小的時候起，媽媽就開始工作，為家裡的生計出力。當媽媽 16 歲時，她嫁給了我的爸爸。

大阿姨跟大姨丈可以是說我媽媽的再生父母，他對我
媽媽跟我們家非常好，大姨丈是個職業軍人，生活的
算不錯，他經常幫助其他阿姨們，真的很感謝他們。
我很喜歡大姨丈，他是外省人，長大後，我很喜歡逗
弄大姨丈，學習他說話的方式。我也經常幫大阿姨和
大姨丈按摩。他原本是一個嚴肅的人，但隨著年齡增
長並且退休後，他經常來我家玩。我真的很喜歡逗
他，因為我覺得他很可愛。他漸漸變得有趣和幽默。
在其中還有一個大阿姨認的小舅，小舅經常幫助大阿
姨做很多事情。在我童年時期，小舅給我們帶來了許
多快樂和歡樂。因為他是一個很搞笑，看起來有點老
實的人，但配上我鬼靈精怪的個性，長大後我的天性
是屬於特怪的，我可靜可動，能夠很淡定漠然，也可
以很活潑開朗搞怪，我跟小舅合在一起常會制造很
多笑果，我們這之間相處的過程想起來就真的有點
有趣。

大姨丈是個職業軍人，在前兩年的九三軍人節過世，
他是一位非常高階的軍官，曾幫助了許多人。他跟我
家庭相處的很融洽，他為我媽媽的家族做了很多事，
他非常疼愛我的大阿姨，而我的大阿姨也因為他的支

天啊！別逗了　Dear Heavens, Don't Toy with me. ——

持和鼓勵對姐妹們都非常好。我們很感謝我們的大姨丈！剛好選擇在這個時間結束他的一生，由於大姨丈是基督徒，告別式辦的樸素又不失隆重，這一天難得我們黃家，就是媽媽的姐妹子女們，就是表兄妹們也好久不見，大家都很感恩大姨丈一家人，因為他們才有了我們現在的媽媽。媽媽和阿姨們在基督教教會的詩歌班中，我們跟著唱出感懷的歌曲。這些詩歌創作得真好，歌詞內容很棒，真讓人淚如雨下。這些歌曲讓我們回想起與大姨丈的點點滴滴，彷彿就發生在不久之前。大家都非常認真地唱著，希望天堂的他能夠收到我們滿滿的感懷和祝福！感恩有了大姨丈，才有了今天的我們。

小時候因為爸爸工作的關係，我們經常搬家，所以在小學時換學校的次數很多，所以和同學們沒有建立很深的交情。在國小時的印象中，我很會跑步，也是田徑隊的一員。我很喜歡奔跑和衝刺的感覺！我和田徑隊的朋友們相處得比較好，但由於我的個性和別人不太一樣，很少和女同學相處得來，我大部分都跟男孩子做朋友比較多，實際上，由於我的家庭環境，我還真的怪怪的！等一下會說到我的個性。

在四年級的時候，我轉到六家國小度過了一年，這段
時光讓我很感動。一開始的我仍然保持著淡然的態
度，不想和同學深交。但有四個女同學和班長對我非
常熱心，每天都關心我，找我下課一起玩跟她們，一
起打排球。她們是排球隊的成員，想邀請我加入，但
我不能答應，因為我知道過一陣子我又要轉學了。在
這期間，有一件讓我感動的事情發生了。我的小妹也
是轉學生，她被欺負我覺得很生氣，本來我打算自己
處理，但同學們得知後一起陪我去。我以自己的方式
處理，我問欺負我妹妹的男生：「你用那一隻手打我
妹妹，還對她做了什麼事？」我一樣還擊回去。同學
們想要幫忙，但我告訴他們這是我的事情，後果我自
己負責。當然，我被學校老師處罰了，父母也被告知
這件事，還好我是因為小妹被欺負而幫忙，最後被說
下次不可以這樣做。我很喜歡那一年的同學，他們真
心想和我交朋友。我最記得他們非常喜歡唱歌，尤其
是瀟灑走一回，可惜我要搬家了、不得已啊！這是我
最真實的童年回憶。

小時候的家庭印象中，都是姐姐在家煮晚餐，爺爺會
在旁邊幫忙，爸爸媽媽大部分時間都在上班，我們必

須趕在他們回來之前完成洗澡和家事。因為小時候爸爸媽媽常常吵架，我們總是提前做好心理準備。我記得哥哥好像是棒球隊的成員，平常都比較晚下課，印象中，他很皮總是往外跑，我對小我三歲的小妹印象比較多，總是在我後面愛哭又愛跟，常常害我被媽媽打，我出門去玩沒有帶她，小妹就會哭給媽媽看，回家我就挨揍，小時候我跟隔壁的一對小兄弟很好，常常會找我一起打躲避球，或玩跳格子、跳繩、紙牌等遊戲！以前的遊戲都是這一些，現在的小孩都玩不到這種了！現在想起來，好懷念那兩兄弟，不知道現在長大過得如何？有他們的陪伴，我童年算是有趣好玩！

曾經有一個很有趣的事情，我家的後山爬上去就可以偷採別人的水果，旁邊還有河堤，後面還有土地公，我們常常去那邊玩捉迷藏，有時候弄得亂七八糟，都被附近整理土地公廟的人罵，然後我

們就趕快跑開。回想起來真是好笑，那邊好多種田的
稻草，我們常常在那邊堆草人打遊戲戰，當然我那愛
哭愛跟路的小妹有時候玩完了生氣哭回家我又慘了！
回想起來，有些回憶都是因為小妹的設計，讓我被打
的次數很多。其實小妹也是無心的，只是愛哭，但我
卻得承受懲罰！

我兒時的回憶被塵封已久，其中一些不好的記憶讓我
感到哀傷。每當想起來都讓我深感憂傷，我爸爸在情
緒上有問題，容易家暴，小時候的我並不快樂，每天

回家後，晚餐過後爸爸媽媽總是吵架打架。我和姐姐都得擋在他們中間，我經常保護媽媽，爸爸的拳頭總是痛擊在我身上。小時候經常害怕，爸爸動不動就發脾氣。家裡的環境並不寬裕，媽媽跟著爸爸在外做水泥工作，非常辛苦。

小時候爸爸很疼愛姐姐，姐姐也很懂事，從小就幫忙家裡做飯。而我和姐姐一起賺零用錢，因為爸爸只給姐姐零用錢，姐姐讓我幫忙洗碗給 5 塊錢，幫忙曬衣服給 10 塊錢。姐姐比我大兩歲，還有一個比我大三歲的哥哥，哥哥從小個性較軟弱，容易哭泣，我認為這可能與爸爸家暴的影響有關。每當家暴發生時，哥哥都會躲在樓上哭泣，我和姐姐會擋在前面，還有一個小妹會去求助鄰居，希望爸爸冷靜下來。這些事情結束後，我們一家才能暫時平靜下來。

當我還是個小孩的時候，我不曉得自己犯下了什麼錯，但依稀記得，媽媽會拿著衣架把我逼跪在地，一直打了好久好久，我卻始終沒有哭出聲來。這件事大概是在我還在國中的時候。剛好，我的哥哥看到了，他幫我求媽媽不要再打我了。當時，我的臉已經紅腫

了，終於，媽媽停下了手，轉身離去。哥哥讓我起來，上樓去睡覺。那一天晚上，我根本無法舒服地躺下，身體疼痛得厲害，含著眼淚入眠。其實這時候，我原來活潑的個性就開始有點改變，因為這些因素，我開始懷疑自己生來的目的是什麼。

在那之後，我對自己的身份產生了深深的疑惑。我一直覺得自己並不被愛，似乎並不像是親生的孩子。有一次尤其讓我難以忘懷，那是一段極度痛苦的回憶。我記得有一天，媽媽叫我把藍精靈玩具丟進馬桶水箱裡，我把它沖到馬桶裡，但我不知道這樣做會造成馬桶堵塞。結果出現堵塞時，媽媽很生氣，她拿著枕頭把我悶住。一開始，我嚇呆了，一直掙扎著，直到我突然想放棄掙扎時，我感覺到無法呼吸。媽媽沒有說一句話，就離開了。我當時躺在那裡大概有十分鐘，但我沒有哭出來！我開始想，也許我不是媽媽親生孩子吧？為什麼會發生這樣的事情。

實際上，還有許多記憶，我長久以來都深埋在心底，我很不願再回想起來。我還記得有一次，我和哥哥為了爭奪廁所而吵架，不小心打破了廁所玻璃門窗框，

接著爸爸拿著我的手用力打在牆上。當時我的手腫了起來，爸爸卻不肯停手。一開始我沒有哭，直到後來疼痛無法忍受，我向爸爸求饒，告訴他我知道自己做錯了。爸爸並沒有特別疼愛我，也沒有特別關心我，只是我後來自己經常把自己封閉起來，所以在求學過程中，我顯得冷靜和沉穩。

我跟哥哥其實感情不錯，哥哥也很皮，他也有常常被修理的故事，有一次在學校，哥哥被同學故意惹事，被老師處罰，我剛好在現場，就拿石頭丟害我哥哥的人，然後就趕快跑開。想起來我著時好笑，還有很多我受罰跟哥哥的記憶，真的很多，一旦回想起那些，淚水止不住地湧出，差點無法用言語表達！我對過去的自己感到無比心疼。很多的記憶太令人感傷，這些讓我感到很難過，還有一些記憶我就盡量淡忘吧！

這些童年記憶讓我深刻感受到家庭背景對人的成長和生活所產生的影響。我也開始明白，生活中的困難並不是無法克服的障礙，而是可以成為我努力奮鬥的力量。

還有我爺爺。在我小的時候，爺爺特別寵愛妹妹，常常帶妹妹出去玩，買好吃的東西給她，妹妹總是以此為傲地向我炫耀。然而我對爺爺依然抱有尊重之情，因為我知道爺爺年事已高，吃飯時經常要加水，被爸爸責罵。後來我才知道，爺爺的牙齒不好，所以爺爺加水使飯菜變軟一些，這樣爺爺才能夠吃下去。在我心中，爺爺對我來說算是不錯的了。每當爸媽晚歸時，爺爺都會幫忙叫我們洗澡，催促我們趕快做功課。爺爺並不常在我們身旁，經常躲在自己的房間裡

拉二胡，還有兩個歌仔戲的布偶娃娃，我很害
怕進入他的房間，因為我對那些布偶娃娃感到
害怕。這是看過一個恐怖片留下的印象。

我記得，在我讀高中的時候，爺爺去世了。在
爺爺離世之前，我印象中爺爺喜歡偷吃甜食，
但他的身體狀況並不好。那時，我在高中半工
半讀，有時候會給爺爺一兩千塊的零用錢。雖
然爺爺並沒有特別疼愛我，但我覺得爺爺有些
可憐。從小我就對老人抱有尊重和包容之心。
因為爺爺常說客家話，說的我們聽不懂，我們
說的爺爺也不太理解。總之，爺爺常常沈浸在
自己的世界中，拉著他的二胡。

回想起這些被塵封的童年記憶，還有那兩個同
伴兄弟陪伴我度過了一些快樂時光，雖然當時
有些記憶讓我深受痛苦，但現在我對於許多
年長客人的心情和故事卻感同身受。因為我
面對了許多出生於四、五十年代的客人，我們

有許多共同點，他們的故事與我如出一轍。所以，我能夠與他們輕鬆地交談，讓我們能夠釋放對於父母的誤解。因為當時的環境使每個人都無法獲得情緒上的舒緩，所以對於家人和孩子們，我們算是受害者的一部分。

在接下來的故事中，我會分享我與客人互動、在工作上的經歷，點點滴滴帶有好笑又帶有點哀傷的故事，因為成長過後發生很多事，所以這小說才取名叫《天啊！別逗我了》。

第 **2** 章

求學過程

到國中的時候，媽媽因緣際會開了一家麵店。媽媽的廚藝非常棒，我們一家人都喜歡她做的美食。然而，一回家我們就得趕快去幫忙洗碗和包水餃。姐姐比較擅長煮菜，姐姐總是協助媽媽準備食材。而我則經常在前台招呼客人、結帳，從小就對金錢有著敏感的數字觀念，哈哈！待客人離開後，我們必須迅速整理桌面，清理餐具，然後和妹妹一起洗碗。放學後有時候同學也會來媽媽的麵店吃麵，媽媽對我們也很好，對同學們都是很慷慨的，煮一些小菜讓同學們都能吃飽飯回家，很開心！麵店開了差不多兩年，因為某些原因，加上爸爸不時會在那裡喝酒，媽媽最終決定結束營業。

在國中時，我又因為過去在小學時跑步很快，在一次老師考試的時候，不小心跑太快，本來無心想要參加田徑隊的！結果竟然加入了田徑隊。有趣的是，我不知道為什麼音樂老師要我加入合唱團。起初，我對此有些抗拒，但因為田徑隊的一位隊友也加入了合唱團，而他的歌聲真的很好聽，我不知道老師為什麼選擇了我，或許只是因為缺了一個人，老師說我音質

不錯，但我覺得自己只是剛好缺人拿來充數而已吧！
哈哈。

因此，在國中的時候，我的生活非常忙碌。我的學業
成績普通，只要不掛科就算不錯了。每天早上，我都
要起床去山上跑步，因此必須很早出門。我還負責叫
哥哥、姐姐和妹妹起床，因為我們要早去學校練習。
合唱團的活動持續了三年，大家以為我唱歌很好聽
嗎？其實並不是，直到現在，我的聲音還是和小時候
一樣。朋友們都覺得這很好笑，為什麼我的聲音像小
孩一樣，但我也無所謂，反正唱歌好玩就好！

在國中時，我性格比較沉默寡言，對於是非問題和女
生的閒聊並不感興趣，所以我比較獨來獨往。我和
田徑隊的隊友相處的時間比較長，起初我是擔任中
長跑的選手，但老師的訓練讓我喜歡上了短跑，我們
的隊友都非常優秀，而我在其中只能算是中等水平。
此外，我還參加跳遠項目，雖然只是隨意試著跳了一
下，但居然在中運會上獲得第三名，那真是意外的成
就，可能也是因為田徑隊人手不足，每個人都需要參
加多種項目，而我還有試著丟壘球。

在國中時，我也曾經歷過一些輕微的霸凌，因為我是田徑隊的一員，有主角光環，大部分的人不太敢欺負我，而且我身高也挺高的，由於我很少和女生同學在一起，她們會叫其他女生不要和我一起玩，甚至不讓我和她們一起上廁所。然而，我對此並不在意，因為我隔壁班有一位特別的同學，我們都稱她為「快樂女孩」，她的家庭背景有些特殊，和黑社會有點關聯。雖然大家擔心快樂女孩不好相處，但其實她很可愛，只是心靈比較脆弱。她個子胖胖的，稍微有些矮，而我站在她旁邊就像是在保護她一樣。快樂女孩喜歡一個女生，她覺得我可能也是同樣喜歡女生的人，因此常常找我一起去看她喜歡的女生玩耍。下課時間她也常常會來找我，我對此並不覺得有什麼不妥，只是覺得快樂女孩需要有人陪伴。當時喜歡女生的人並不多，但我可以理解她的感受。不過，我也收到過不少女生寫給我的情書，也許是因為我長得有點黑且看起來像個小男生，身高 163 公分，當時高的女生不多，可惜在那之後我再也沒長高了！希望快樂女孩未來能夠快快樂樂，能找到她想要的幸福！

後來，在學校的比賽中，我參加了許多項目，忙著跑來跑去。女生依然不敢接近我，但有一個相當漂亮的女生（她是霸凌我的主角之一），她開始靠近並為我加油。從那一天起，其他女生不再刻意忽略我，但我並不在意，反而覺得無人理會的孤立感有種高處不勝寒的感覺。

在國中時，我曾經暗戀一位學長，學長也是田徑隊的成員，跑得很快。然而，學長畢業後就離開了。在國二的時候，我記得有一位同學經常叫我掩護他，幫他擋住老師以便他可以偷偷睡覺。我們也會偶爾互相開玩笑，但我對他的印象並不深刻，只是有時候做夢還會夢到我們在遠處相互望著對方，這種感覺很奇怪。但我並不是真的喜歡他，只是他的長相有點像我哥哥而已。

很快，我進入了忠信高工半工半讀的生活。在那段時間，對於求學我並沒有太多的印象，更多的時間都花在認真工作上。我最好的朋友是一對三胞胎女生，每個人都輪流跟我相處。一開始，她們總是一起出現，

但後來我跟其中一位叫文比較親近，我跟文之間畢業
後還有個故事，讓我深感痛心的故事。

文的生命遭遇了悲劇。文的一時衝動、與家人的爭吵
以及男性的背叛，導致文做出了自殺的選擇。她選擇
了喝農藥，但沒有立即死去，反而被折磨了整整十
年。每次去看望文時，我都表現得很開心，但回家後
的路上總是默默的流淚，一個本來很好的女孩，因為
一時的衝動而遭受如此折磨。我一直希望文能早日康
復，但看著她 20 多歲的年華如此消瘦，看起來像 70
歲一樣，我現在回想起來仍然感到心痛。前幾年，文
終於解脫了。有時候，我覺得活著反而比較痛苦。這
十年來，看著文的遭遇，我的人生也成長了不少。

在高中的時候，我和我的朋友圈子裡又加入了另外一
位同學。她個子很小，大家都叫她小玉，小玉長得很
可愛。那時候，很多人都想跟我相處，但我不太擅長
與他人交往。有一段時間，我的另一個朋友文覺得我
忽略了她，後來文就開始和她的雙胞胎姐姐相處。而
我則跟小玉在一起。那時候有一個男生喜歡小玉，經

常稱呼我為「貢丸妹」，只是因為我喜歡喝貢丸湯而已。後來，小玉和喜歡她的人也開始交往，而我則和小玉的哥哥交往了一段時間。

然而，這段感情並不長久。大部分時間我還是和小玉在一起。她的哥哥曾抱怨過這點，但我不知道如何與男生談戀愛，所以很快我們就分手了。其實國高中時，有很多同學或朋友暗戀我，有的甚至對我表白，但我不知道如何是好，因為我對感情很遲鈍。那時候我忙於半工半讀，生活非常忙碌，根本沒想過這方面的事情，所以很抱歉無意中傷害了曾經暗戀過我的人。回想我後來生活的磨練，真是前面傷害了不少人，所以也得到應有的因果，哈哈哈，三生三世真是錯付了太多太多。以上就是我在高中時期的一些回憶和經歷。這段時間充滿了各種情感，也讓我成長了不少。

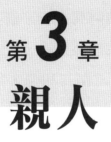

第 **3** 章

親人

畢業後不久，我得知媽媽向高利貸借了 50 萬元。幸好在半工半讀期間，我有一位對我非常好的阿姨教我理財，她教我如何存錢。她帶我去辦了一個 30 萬元的六年定期存款，給了我一個良好的理財觀念，讓我明白賺錢就應該開始儲蓄，對未來有所幫助。有一天，我放假回家，看到媽媽在哭泣，她告訴我借錢的人找上她了。我請媽媽把那位阿菊阿姨的聯絡方式給我，然後與阿菊進行了談判。我告訴她媽媽沒有能力還錢，但我已經畢業了，我可以還給阿菊，但是我先給她 10 萬元作為利息，然後我每個月再分期償還 2 萬。阿姨同意了我的提議，我立即還給她 10 萬元，然後開始兼差兩份工作。在兩年內，我成功還清了債務。我一直做這麼多份工作的原因是我還要養家。即使債務還清了，我爸爸身體不好，很少工作，家裡的開銷仍然需要我承擔，而且我還要繼續存錢，儲蓄對我的觀念真的很重要，還好有這個觀念，在後面幫助我很大！

哥哥早早就當兵離開家，也沒有拿錢回來。姐姐在學美容美體，她從小就很沉穩，算是一個穩重的人。因

為父親的關係，我覺得姐姐也受到了限制。姐姐的個性從小就很乖巧，所以爸爸很疼愛姐姐，而媽媽也常需要姐姐的幫忙。也是因為姐姐的影響，我才接觸到這個行業。然後，小妹一度交到壞朋友，經常不回家，我也不知道小妹在做什麼。後來接到警察的電話，得知小妹無照駕駛，還跑到別人的高爾夫球場。我去把小妹接回來，小妹很聰明，記下了我的電話。事實上，家裡很多事情都是我在處理。

我哥哥小時候很軟弱，有一次他偷了媽媽的錢，結果被修理得很慘。原來是學校的學長向他要錢，被我發現了。我告訴表哥們，二表哥和三表哥為了保護哥哥，狠狠地修理了欺負他的人。從那之後再也沒有人敢欺負我哥哥了。那時候二表哥、三表哥和他們的朋友還住在我家一段時間，因為二阿姨覺得他們不知道該做什麼，有點叛逆，所以把他們送到我爸爸這邊做水泥工幫忙！這樣他們能夠體會做工的辛苦。表哥住在我們家時，我們家的爸爸媽媽就很少吵架，而我也非常喜歡這兩個帥氣的表哥。我的表兄妹顏值超高，表哥們也特別喜歡我，我經常帶他們去附近散步。回想起那段時間，家裡總是充滿著和諧和熱鬧的氛圍。

天啊！別逗了 *Dear Heavens, Don't Toy with me.*

哥哥後來上了高中，個性變得很活潑開朗，還成為籃球隊隊長，看起來非常帥氣。哥哥有著一個籃球夢，我一直覺得他很有志氣。但自從哥哥從當兵回來後，他的人生開始陷入了負債的困境。我和哥哥之間的關係還不錯，但他常常向我借錢。我不明白為什麼明明可以好好工作，卻陷入這樣的困境。哥哥的負債源於他的學長帶他去酒店刷信用卡，從此哥哥開始成為了信用卡奴。後來，哥哥交了一個大他四歲的女朋友，這個女朋友讓哥哥改變了很多。他們曾經一起開過一家店，我也出了五萬元幫忙。那是一家冰店，店名我現在忘了，好像是 7 號冰庫。每當我放假時，都被要求去幫忙，當免費的工讀生，然後哥哥常常偷溜出去和女朋友約會。女朋友還開了一家專賣韓國商品的服飾店，我也常常去消費，想著多幫忙他們一點。然而不久後，那家店也關門了。冰店哥哥和女友一起經營了一段時間，最終也宣告倒閉。哥哥與他的女朋友相戀了 10 年之久，最後因為某些原因分手，我覺得這也是哥哥想不開的原因之一。

天啊！別逗了 Dear Heavens, Don't Toy with me.

其實情感這種東西，我一直以來看得非常的淡然，很
多愛情都是有期限的，為什麼呢？因為現在的社會，
感情說變就變，也有一部份是因為我的職業讓我知道
了很多故事。我希望大家不要因為愛情，因為某些原
因因愛而生恨，說實在，真的不值得！愛來得快去得
也快。當然也有很多不錯的婚姻跟真實的愛情，就像
親人般的牽絆。

這些就是我和家人之間的一些故事和經歷。我一直在
努力維持家庭的經濟狀況，但同時也為他們的選擇和
處境感到困惑和心疼。所以一直以來我讓我自己背負
很大的責任，但其實是我多想了。我曾經認為自己不
是親生的，但我也願意付出我的責任去幫忙還債、
奉養父母維持家計，因為我認為我有能力去多付出這
些！然後後來我發現，當家人還有能力的時候，大家
應該共同付出，但我自己卻選擇默默的承擔這一切，
所以對於後面我生病的這件事情，我自己也有一定責
任，壓力容易讓心神受損，這真的是一件非常可怕的
事，相信有自律神經失調跟恐慌症的人都能了解我想
表達的感受。

天啊！別逗了 Dear Heavens, Don't Toy with me. ——

天啊！別逗了 Dear Heavens, Don't Toy with me. ———

第 4 章

哥哥

在前面，我提到了我哥哥和他的女朋友交往了 10 年。在這期間，我很忙碌，沒有時間談戀愛，中間有遇到一位貴人大哥，我稱他為陳大哥，這中間我們偶爾會相約吃飯，跟同事一起出去玩，但陳大哥一直覺得我需要一個人陪伴我，我是一個容易忽視他人的人，因為對我來說感情並不是那麼重要，我並沒有想要結婚和生孩子的打算。我只是想過著無拘無束、無憂無慮的生活，從以前就有人想介紹有錢人讓我加入豪門，但我沒興趣。我覺得豪門深似海，我自己會賺錢，我的心很容易滿足，我覺得自己很富有，我自己就是個豪門。

所以我從小就努力存錢，這種觀念早在我年幼時就已存在。直到我遇到孩子的爸，我真沒想到他是位高手，非常懂得如何討女人歡心，對我也非常有耐心。當我同時做兩份工作的時候，孩子的爸也幫忙送餐給我，這讓我感到非常感動。所以我們在一起一年半，期間我經常告訴孩子的爸我感到疲累，想要分手，我不希望我們在一起只是忙來忙去。我並沒有考慮過結婚，所以本來請孩子的爸放棄，但結果卻意外地發生了，真是夠意外的。老實說，我們在一起相處的時間

不多，能有相處的機會非常少，還有帶上避孕套！既然還發生了意外中獎，我覺得我被設計了。

然後，我回顧了孩子出生時的情景。當我 25 歲時，孩子的爸爸對我也算不錯，對我百依百順。我經常告訴我的兒子，為了你，我做出了太大的犧牲。所以我在 25 歲結婚了，結婚時，我哥哥唱了一首《藍雨》的歌，特別為我而唱，這首歌成為我最懷念他的歌曲。即使他不在身邊，但在我深藏的記憶中，他永遠存在過。

26 歲時，我生完兒子的第三天，媽媽接到了一通電話，要她去確認一件事情。那時候我們都嚇呆了，怎麼可能？那絕對不是我哥哥。因為我正在坐月子，無法外出，我留在家中照顧孩子，同時期待著奇蹟，那絕對不是我哥哥。

當姐姐和媽媽回來時，她們確認了那確實是我哥哥。那時候我真的感到天旋地轉，全家人都非常傷心，而我無法去看哥哥，我在家裡抄了兩本經書，不停地寫，不停地哭，只希望哥哥能收到我的心意。我

想著我們曾經一起經歷的點點
滴滴，哥哥曾在電台工作過，
還鼓勵我這個可愛的妹妹試試
看。哥哥說家裡只有我長得最
漂亮，還有點氣質，叫我去試
試看。但我覺得薪水太少，哈
哈哈。他說我的顏值或許會被
看中，有機會成為明星，但我

從未考慮過這件事，因為我的歌聲不太出色，我沒辦
法面對太多人的注視。

曾經我和哥哥一起參加學校運動會，哥哥讀仰德高
中。我們一起參加跑步比賽，那時我們都很忙碌，哥
哥的成績也不錯。在高中接力賽時，哥哥的接力賽隊
剛開始一路落後，換到我哥哥這一棒時，他像飛馬一
樣快速奔跑，我幾乎看不到哥哥的雙腿，哥哥超越了
好幾個人，最終成為第一名，真帥！

還有我哥哥是一個很注重外貌的人，常常很愛在我面
前炫耀他的身材，他的房間裡有個小小的健身房，經
常跳繩鍛鍊，我哥哥其實很帥，身高 182 公分，我想

這是都是他通過跳繩鍛鍊出來的，我覺得很有效果。
他是個有選擇障礙的人，怎麼說呢？每次出門都要問
我這樣穿好不好看，還是這一件比較好，我被哥哥訓
練到我決定東西很快，我瞄一眼就說就是這件不用再
換了，可以出門了！我哥哥跟我相處得很好，可能是
因為我很早就獨立了，他常常跟我借錢卻不歸還。在
我眼裡，哥哥是個陽光、熱愛籃球的少年，有很大的
夢想，但人生不如他意！沒想到，這樣一個人會選擇
輕生。他去世後的那幾年，我經常夢到他，看到他帥
氣的樣子，好像還活著，問我這樣好不好看。真的，
我想我太思念他了！我跟哥哥有很多故事，而我對他
有很多的遺憾，為什麼他沒有跟我聊，我能夠幫忙解
決的……

但是想想，他雖然了結了自己的人生，但沒有傷害到
別人。在這個世界上，活著的人更加痛苦，我們必須
努力面對，而不是選擇痛苦地面對現實生活。他的離
開使我更加堅強、努力，也讓我想到媽媽的不容易，
因為那時候我也當媽媽了！

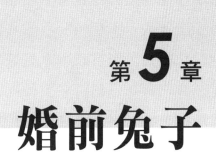

第**5**章

婚前兔子

其實我 16 歲畢業以後做了好多份工作，一天同時做
兩份工作，有餐廳上班和超商上班，還在 KTV 打工
過，還有麵包店和市場打工等等！那時候兩份工作薪
水好像也才四萬多！

20 歲左右在電動場上班的日子，真是萬花筒般多彩
啊！這份工作純粹是因緣際會，我朋友去那裡上班，
我也跟著順勢進去了。相較於我的其他工作，這份工
作不僅時間比較長，而且薪水也更高，終於不用再兼
兩份工了。我已經在這個行業工作近四年，遇見了無
數的人和事，發生了一大堆有趣的事情。

在這期間，有一個特別好笑的傢伙，這個人整天都守
在電動場，就是不回家。每次客人看到他仍然在那
裡，都會問他為什麼還沒離開。他總是開玩笑地回答
說他剛來，於是我們索性稱他為「剛來哥」。剛來哥
在那裡待了近一個月，直到剛來哥的老婆來接他走，
之後再也沒見過他的蹤影。剛來哥老婆好兇哦！一定
是有什麼事！剛來哥才不敢回家！

在這份工作中，我受到許多年長者的寵愛，因為他們對當時的遊戲情有獨鍾。有時候客人還會給小費，所以我的收入也不錯。不過，也有些客人覺得我似乎不應該在這麼複雜的環境工作，說我像是一朵不應該開在這座花園裡的奇葩。但我不覺得環境複雜，因為他們只是愛玩遊戲的人。對我來說，我選擇這份工作主要是因為時薪高，畢竟薪水從六七萬起跳，讓我心動不已。

說到在電動場工作的日子，有一段時間我認識了一位陳大哥，他對我來說是一個重要的貴人。這時我換了第二份工作，第一份工作每天要工作 12 小時，非常忙碌，回家後直接倒頭就睡。後來轉到這份工作，每天只要上八個小時的班，下午四點到晚上十二點。在這期間，我和同事們相處得非常愉快，晚上還經常一起去唱歌或者瘋狂地去夜店。

其實除了小時候那段時間外，我平時是個活潑的人，但不太多話。我很擅長做事，這也讓那位陳大哥留下了深刻印象。或許是因為陳大哥是老闆的朋友，所以

經常透過監視器看到我非常認真，而其他的同事們卻不太愛整理或者懶洋洋，不太愛打掃整潔。相較之下，我比較愛乾淨，常常幫忙打掃桌面、掃地、擦拭，把環境維持得一塵不染。這份八小時的工作讓我感到輕鬆自在，沒有太大的壓力，所以每個人都待得很久。我自己在那裡也呆了三年。

一開始，我覺得那位陳大哥對我有些奇怪。陳大哥經常找我聊天，而且常常有好吃的東西拿出來給我嘗。不過後來相處久了，我才明白陳大哥其實是真心覺得我很乖巧，想和我交朋友。這位陳大哥的行為也很特殊，他總是固定時間來，然後又在固定時間離開。原來陳大哥是一位非常顧家的人，玩遊戲只是陳大哥的娛樂方式。我覺得陳大哥就像是上天派來給我的一份緣分。離開電動場之後，只有陳大哥和另外一位同事和我保持聯絡。

在電動場還有一個令人無奈的故事。有一位六七十歲的客人，從年輕時就開始一直在遊戲場中奉獻著自己的青春。他甚至把自己的退休金都拿出來，全都投入在這個電動場裡。他總是沉浸其中，忘情地享受著遊

戲的樂趣。雖然知道這樣對他的財務並不好，但我們也無法忍心趕他走。

為了讓所有客人在遊戲場裡感到舒適，電動場甚至提供 24 小時的餐點服務。我可以說是他最關心的人之一，經常問他是否已經吃飯了，需要不需要喝點茶水。當時這些餐點和飲料都是免費提供的，我希望他能感受到溫馨氣氛。他用盡了自己的時間和資源，只為了追求那份快樂和滿足。當時我覺得這人是真傻了，浪費時間金錢，大半輩子賺的錢就是為了遊戲花光了積蓄，雖然我們無法改變他的選擇，但我希望能夠給他提供一個溫暖的環境。

這段故事也讓我深刻體會到，每個人對於快樂和追求的方式都不同。有些人願意付出一切，為了他們熱愛的事物全情投入，即使這樣可能帶來些許犧牲。在這個電動場中，我遇見了許多獨特而有趣的人，他們各自有著不同的故事和背景，但卻在這個共同的遊戲世界中找到了連結和歡樂。這段時光對我來說是一段難忘的回憶，也讓我更了解人生不要白白浪費時間，錢很重要，活著需要有錢才有生活品質。

第 **6** 章

因果

以上是我結婚前電動場的故事！

之後認識孩子的爸，前面提到我在 25 歲的時候結婚，天啊！讓我感到壓力很大，結婚後的第一年，我兒子出生了，我只能請媽媽來幫忙照顧，因為孩子的爸的薪水只有三萬多，根本無法負擔，孩子的爸也是卡奴，而且我的公公也和我們共用一張信用卡，更加重了債務負擔！我們經常吵架，生活充滿了無休止的爭吵和壓力。我的大兒子總是緊緊黏著我，經常哭鬧不停，那時孩子的爸是個飯店主任，每天早出晚歸。下班後，我必須立刻接回孩子，完全靠我一個人照顧。孩子的爸回到家後，卻總是沉迷於他的電腦遊戲中，對孩子沒有耐心，連照顧都不會照顧。我們為了他沉迷遊戲而爭吵不斷，因此我決定暫時不理他。畢竟孩子更需要我先好好照顧。然而，天啊！事情似乎還沒結束，這已經夠讓人困擾了。我們的親密關係很少，甚至有使用保險套。結果在我兒子八個月大的時候，我竟然又懷孕了！這簡直是一個笑話吧！這才是我真正人生惡夢的開始，一個孩子已經讓我疲於應付，現在居然要面對兩個孩子，我只感到壓力和無助，這簡

直讓人欲哭無淚！這時候我老公調職到台北飯店，薪水增加到四萬，但還是不足以應付開銷。

我以前不相信什麼因果緣分，但我後來相信了，為什麼我會遇到這麼多事，我覺得，一定是三生三世錯付了很多人，做了太多腹黑的事，才會跟我孩子的爸，還有父母親跟小孩的連結，有這麼多的磨練，今生就好好的跟他們把這個因果、這個緣分圓滿吧！

其實，在結婚時我就曾考慮過，如果我們無法和平相處，大不了就離婚算了。人生不該委屈自己，我本來打算等到大兒子長大一點就離開。然而，沒想到老二接著降臨了。當老二剛出生沒多久，我的公公又曝出更多的負債消息，他拿走了孩子爸的車子去貸款。這整個過程中，總計累積了 200 萬的債務。很多人勸我選擇離開，一走了之，不再管任何事情。但是，我想到了我的兩個兒子，所以我做出了協商，每個月分期償還債務。幸運的是，我身邊有一些貴人給了我很多幫助。這其中的故事真的讓人匪夷所思，怎麼會有天降貴人來幫助我？但這一切都發生在三五年後。這段

天啊！別逗了 *Dear Heavens, Don't Toy with me.*

期間，孩子的爸很少在家，總是外出工作，雖然薪水增加到了 4 萬，但當然還是不夠。

這時，我還有一位特別的姐姐，我稱她為「心」，「心」是宗教師姐，很用心服務。會認識她是因為我的哥哥過世的緣故。老實說，我從小就是無神論者，起初對宗教沒有想法，我對此並不太在意，只是去拜拜，做些事情以迴向給我的哥哥。這一點我是相信的，所以我偶爾參與其中。「心」的丈夫是琨紘哥，他在幕後給予「心」很多支持和陪伴，一起做一些團體活動，募款和募捐給弱勢團體等慈善事業。他們是慈善事業的幕後志工。

我們宗教團體主要是拜九天玄女母娘，而我親姐姐也對母娘非常上心。對我來說，宗教是一門神秘而奇妙的學問，但「心」對我的幫助是真實的。我知道我想要開店，努力賺錢，但「心」告訴我現在還不是時候。我自己覺得如果我要努力還債，可能需要開店做生意才能更快實現。因此，我找了媽媽和一個朋友，結果

卻是變成另外一個辛苦工作的開始。雖然「心」在金錢上給了我一些資源，但錢當然是需要還的。我和媽媽一起開店，選擇的是媽媽的專長做吃的，這中間很感謝媽媽一起陪著我努力。因為這個工作辛苦又沒賺錢，當媽媽身體太累的時候，我選擇了結束這一切，重新開始。我又背負著 80 萬元的債務。

後來我回頭去姐姐的店裡工作，然後去學經絡，聽說
養生館營業時間比較長，客源會比較多，所以我又開
始兼職兩份工作，這中間跟姐姐一起學習了不少東
西，接觸了一個叫做生命靈數的數字磁場，回想以前
跟同事算命過三次、每個都說很靈，有說我是仙女下
凡、天降大任於斯人來的，有的說我是來還債的，要
做很多善事，就沒一個說我是好命，天啊！這是在玩
我嗎？那時的我不太相信，直到我接觸了生命靈數，
我才更加理解數字的意義。我看了一本愛德華的書，
後後來還買了他的全集，算了自己的命，還真的是天
降大任來了～～哈哈！

真的很神奇，能夠透過數字了解自己的個性特質，也
可以知道自己出生的流年，這中間我也做了很多實
驗，驗證了很多事，我可以說我的人生經歷確實充滿
了波折和挑戰，透過數字能量，讓我理解我要什麼時
候才能夠穩定下來，並改變我對生活的態度。數字的
能力就像是吸引力法則一樣神奇。後來我去了一家養
生館當服務人員，要用號碼做辨識，我選了 139 號，
不到三個月我就變成正職了，因為我的回頭客真的很

多。在養生館這四年裡我一天工作 14 個小時，工作很彈性，中間可以讓我回去照顧小孩，我哄完小孩我就離開再去上班！這之間真的讓我很忙碌！

前面說到我生完小孩子都是媽媽幫我帶的，跟媽媽爸爸的連結，就是因為他們的工作和財務壓力，為了釋放壓力而家暴，而我在家是排行老三，天將降大任於斯人耶，有一些客人跟我分享大部分老二老三都是，這種好好笑又不討喜的角色！

我的大兒子出生時不好帶，一直很愛哭，那時候哥哥剛好過世，我媽媽其實很有耐心，很會帶小孩子，把我兒子照顧的很好，那期間也讓媽媽沒時間多想哥哥！其實每當我兒子生日的時候，我媽媽跟我都會想起哥哥，我知道，她難過我也跟著難過。後來沒多久老二出生了，我媽更忙了，我爸爸很喜歡老二，老二一出生很安靜，很愛笑不愛哭，當時就連我的姐夫姐姐也常常把老二帶回家，那時候姐姐肚子裡有了我的外甥女，姐夫說我這兒子像天使一樣的可愛，很愛笑跟老大差很多，老二有兩個酒窩，跟我比較像！我爸爸的個性也變得緩和了很多，沒有太多時間跟我媽

吵架！兩個小孩就夠忙了，而我那時候還好有爸爸媽媽幫我，當時我一天工作將近 14 個小時，因為在養生館，我的客源不錯，所以我的薪水能負擔爸爸媽媽跟兩個孩子的家計，孩子的爸爸的薪水都拿去還債，那時候他在外地上班，偶爾回來，所以我們很少衝突吵架，那段時間大家都很忙碌！

接著姐姐的小孩出生了，也就是我的外甥女（我都叫她大閨女），我把她當作親生的大閨女，很懂事很可愛比兩個兒子好太多了！大閨女從小跟著我兒子叫著我媽媽，雖然我這時很忙碌，但是中午的時間，我會回家吃飯，幫忙媽媽帶小孩，哄他們睡覺。三個小孩怎麼哄？我都是拿著竹子在旁邊的，我兒子比較皮，我大閨女看過我打我兒子的時候，她就知道我這盈霆媽咪好可怕。所以大閨女很乖很聽話，我通常都沒有修理過大閨女，大閨女比較常常跟著哥哥一起罰站。大閨女常常跟著我們一起出去玩，真的就像我親生的，我所有出遊的照片裡面幾乎都有她的身影。

後來他們陸續上學，我媽原本以為她要輕鬆了，結果我姐又有了一個兒子！這個兒子得來不易，我一直

以為我姐只會生一個小孩，姐夫和姐姐去廟裡求註
生娘娘，姐夫其實沒什麼宗教信仰，但因為這個孩子
而去拜拜，希望能求一個小孩出來！還真的求到了，
這個像天使一樣乖巧、很少哭鬧的小寶貝，我媽媽忙
碌的時候煮飯的時候，他總是在睡覺，讓我媽媽感到
很可愛和貼心，因為哥哥們的關係，小外甥很少吵鬧
很乖，我也很疼愛小外甥，從小就會學習哥哥們，好
像要做個小大人似的，在他兩歲的時候，又發生了一
件事，要去我兒子畢業典禮時候的路上，本來不要抱
他，剛好他吵著要我抱抱，說不要讓我跌倒，剛好在
學校門口，有一個階梯，我沒有注意看，結果踩空了，
導致我的腳骨折了！當時我只說了一句話：「靠！好
痛！糟糕！」那時候我孩子的爸在外面停好車，我就
說不行了，我受傷了，所以沒能參加我老二的畢業典
禮，我們就去掛了急診～～哈哈哈！有種哭笑不得的
感覺！這中間我抱著小外甥，坐著輪椅，他一直都很
乖巧，不哭不吵不鬧。

醫生說骨折裂了要打石膏。這期間我得休息兩個月！
天啊！又逗我了，這讓我煩惱又痛苦，我想著這兩個
月沒有薪水該怎麼辦？還好我真的貴人運很好，我媽

媽認得的乾哥哥借了我 10 萬元，我的另外一個客人知道我不能上班，也借了我 10 萬元，但這些錢都是需要還的。暫時就別想了這兩個月！剛好這兩個月是暑假，我小外甥成為陪伴我的對象。我媽媽也比較輕鬆，她去幫忙我乾哥哥做事，他是做水泥工的，他擅長很多事情！

什麼叫久病無孝子？我告訴你，這兩個月我深有體會！剛開始的一個禮拜，因為疼痛我無法行走，所以很多事情都得靠我兒子幫忙拿。洗澡的時候是我媽媽幫忙我，過了一個禮拜後，大家開始嫌我煩了！我媽媽說不用每天都洗澡這麼麻煩。後來不痛的時候就我自己把腳綁起來，一腳抬高慢慢洗澡！而我兒子呢！叫他幫我拿個東西，大兒子就說那個很近，你用爬的就可以爬過去了哈哈！我說你這個壞孩子，我大閨女來的時候都會幫忙我，她真的很乖巧，還是女孩子好。而我小侄子呢？他可能覺得我真的是因為他受傷了，所以他也很乖巧！他們兩個人比我兒子更多地幫忙，所以我從以前就一直很疼愛他們。現在我大閨女已經讀國中一年級了，讀書讀得還不錯，很棒！從沒補習！我小

外甥也很乖，雖然小調皮了一點，但是他對我嘴巴算是
甜的，都會記得叫我盈霆媽好！

其實這些回憶中有很多好笑的事情，還有很多小孩
子，特別是和小孩子們相處的時候，他們真的天真無
邪又可愛。我老二小時候很棒，很會唱兒歌，學校教
的唐詩名句，他都能背得出來，老二小時候很愛笑，
也很會唱歌，有很多兒童書，尤其是恐龍的書籍跟圖

案，還有拼圖這方面他都很會看，而且還會跟我的大
閨女說故事，才只是 3、4 歲的時候喔！可是長大怎
麼差那麼多，唉！我爸爸很疼他，他是第一個被我爸
爸背的小孩子，想起來好像才是前不久的事！所有的
事情發展得如此迅速，感覺時間過得好快！

以前小時候爸媽對我的不愉快，其實他們早就忘記
了，那時候他們的情緒根本無法控制，他們根本不知
道自己在做什麼，只有受傷了的我。對於那時候我還
有些記憶，但現在我已經不再在意了！感恩我的父母
親幫我把兩個孩子帶大，所以我覺得我撫養我的父母
親是應該的，也是該有的責任！

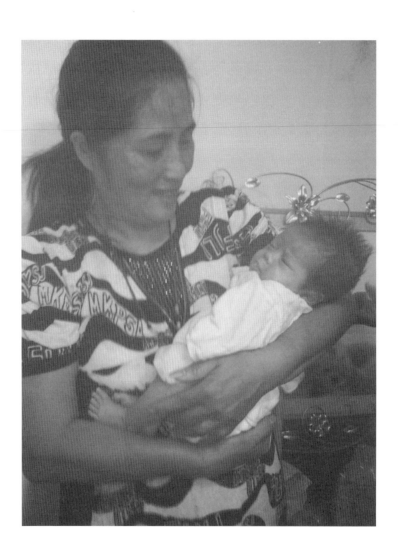

天啊！－別逗了 Dear Heavens, Don't Toy with me.

第 **7** 章

而立

在養生館工作了四年多之後，恰好老闆因為身體的原因需要新老闆接手，但新老闆計劃實施 12 小時輪班制度，這讓同事有些抗拒，也無法彈性地照顧家庭和孩子，對我來說並不太方便。這段經歷讓我認識了一位同事，稱之為店長。他告訴我，有人願意贊助他開一家店。因此，我選擇和店長一起離開。

可是贊助商的資金問題浮現了出來，於是店長與我商議，有幾個同事也想自己嘗試開店，每個人拿出了 20 萬作為資金，這開啟了另一個起點。他是店長，新店面的櫃檯職位由店長的妻子擔任。她是一個相當特殊的女孩，說話冷冰冰、是個冰山美人，雖然長相不錯，但缺乏笑容。由於她是店長的太太，對我們提出了一些要求，原本彈性的工作時間變得受限，而我更無法照顧孩子。這讓我感到非常不舒服，所以我決定單獨另外經營一家屬於自己的店。

然而，令人驚訝的是，我姐姐告訴我去找母娘問個好，並說，過一段時間會有人與我合作，一起開設一家屬於自己的店。這真的很玄奇，就在這時，有一位同事突然中風了。大家都被嚇到，少了一個人。

而那時候，我也發現自己患上了自律神經失調，本來就有一點點的不適感，我並沒有太在意，因為我一直心跳較快，隨著年齡增長，我的睡眠也變得越來越不好，心臟容易疲勞。可能是壓力的原因吧。母娘叫我去看醫生，檢測了我的自律神經指數，醫生告訴我，現在我的心臟就像以 200 公里的時速在馬路上奔跑，因此心跳加速。我說我本來就心跳很快，但醫生說現在更快了。

隨後，我前往馬偕醫院進行了一系列心臟和神經檢查。檢查結果顯示，我的神經狀況良好，但心臟存在二尖瓣脫垂的問題。之後我轉到其他醫院進行心臟逆流的檢查，由於我和媽媽一起接受檢查，我們發現媽媽也有心臟逆流的問題。醫生解釋說，我的壓力和心臟問題都與遺傳有關。我的自律神經失調和心臟逆流互相影響。總之，我深刻體會到壓力對身心靈的影響，人們不能承受太大的壓力，因為壓力對身心健康產生不良影響。這些經歷發生在我後面進行長期照護和自學的時候，讓我更加意識到疾病的產生和發展與身心靈壓力的密切關係。

後來，如母娘所說的，那家店的大部分的東西都頂給
了我，我和另外兩位師傅，33 號和 7 號，我們就在
附近重新開始了我們新的人生。新的店開始時客源並
不多，但我決定重新複習一些功課，接觸長照領域，
考取了幾張證照。

這時候，我也利用時間回顧過去閱讀過的書籍，學習如
何改變我與孩子們之間的互動方式。因為這是我自己
的店，我決定帶著孩子們一起工作，給予他們零用錢，
同時教導他們如何處理事務。過去我忽略了他們太多，
現在終於有時間可以與我的兩個兒子好好相處了。

老二患有過動症，我必須好好地與他溝通，因為他基
底核和前額葉皮質所含的腦部化學物質，即正腎上腺
素和多巴胺失去平衡，影響他的情緒、行為、思想，
所以他的行為很容易衝動，很多事不能給他太多的指
令，所以在學校真的很容易情緒失控。

大兒子很貼心，他曾經經歷過我和他爸爸吵架的低潮
時期。他問過我為什麼常常跟爸爸吵架又不喜歡他。

我告訴他，我並不是不喜歡爸爸，只是我們之間有壓
力和爭吵，導致我們的感情變差。大兒子很好奇，為
什麼不分開，還要選擇幫忙還債養家呢？我告訴他因
為你們還小，我還有責任。我告訴大兒子，我在等待
你們長大，有一天我會選擇結束這段婚姻。因為我知
道孩子的爸爸的想法無法跟上我對未來的期望。

新的店開始時，客源並不多，但我相信隨著時間的推移，我們會吸引更多的顧客。我現在擁有了更好的生活平衡，我可以照顧家庭，同時也能夠追求自己的夢想。人生就像一場旅程，我已經學會了從困境中找到轉機，改變自己對待事物的態度，我們都能夠創造出屬於自己的美好未來。

關於我有錢去買房子的部分，事實上在結婚之前，在竹北社區買了一間兩房一廳的房子。當時，為了支付頭期款，我向一位陳大哥借了十萬元，加上合約金總共支付了約三十萬元左右。幸運的是，我之前有存錢的習慣，所以我有能力支付這筆款項。

還有感謝我姐夫，他也是我很大的貴人之一，蓋房子時，姐夫二話不說就借了我 20 萬做裝潢，我姐姐跟姐夫相識了七年之久，後來才結婚，但這期間，我們有個小故事，姐夫在讀書的時候，在外面半工半讀，跟姐姐是餐廳認識的，而我也有在那邊兼職過一

小段時間，姐夫跟姐姐交往了一陣子，後來為了方便半工半讀，姐夫就到我家裡來住。

我跟姐姐的感情是很好的，那時候我跟姐姐是同住在一間房間，所以我們三人同住了四年之久。很好笑的是，我睡在他們的旁邊，姐姐睡中間。這時候的姐夫很親切，還教我織圍巾，很會幫忙家裡做家事，碗都是姐夫在洗，他還養一條狗叫做阿呆，非常有人性也很貼心，每次叫牠一聲，牠就會回應，牠喜歡在腳邊撒嬌，我也很喜歡這隻狗，真的比人可愛多了，牠常常在房間陪著姐夫打電動遊戲，姐夫真的是個正直的人。

我覺得我那時候挺漂亮的，但是姐夫對我姐姐真心不二，哈哈，所以姐姐跟姐夫真的是真愛，一直到現在，我很感謝有姐姐跟姐夫的陪伴跟支持，雖然我沒有太多時間和你們說話，一直很忙，有很多事情要處理，家裡姐姐都會幫忙媽媽煮飯，而我則等著吃飯後趕著去上班！這些年來謝謝你們。謝謝爸爸媽媽，為我幫忙帶小孩，也幫謝謝姐夫姐姐給我支持鼓勵。未來辛苦你們了。

雖然我的人生中經歷了許多考驗，但也有很多貴人幫助了我。不過，這間房子在這期間也幫了不少忙，賣掉後還了一些債務。

然而，我又做了一個蠢事，本應是件好事，當時因為有了些錢，我想買另外一間預售的房子。我一邊工作，一邊按時繳款，但後來因為跟同事一起離開先前與店長合夥開的店，獨資用 80 萬成立了一家店名為竹荷月，完全屬於自己的店。可是，我買的那間預售屋的後期款項，就無法繳交了，所以我放棄了之前買的房子，算作毀約，這使我損失了八十萬元，讓我又開始了新的負債。

在這段時間，有一位客人跟我分享了他的看法，認為我的人生一直與債務相連，建議我慢慢還債，也要把生活的速度放緩，也許這樣的調整，上天就不會給我那麼多考驗了。這讓我深思，因為我的一些故事，常會讓客人給我一些建議或啟發，同樣地，我也與他們分享了一些客人自己的故事，同樣會帶給他們一些啟發。在開店的幾年中，除了遭遇了許多挑戰，我的客人也幫了我很多忙，很多客人也成為了我的貴人。

後來，當我賣掉房子時，我遇到了現在的房東，也就是我父母目前居住的地方。我現在和父母分開住，我自己住在店裡。這五年來，我們的新店開張也順利的經營至今，這期間也經歷了不少事情。

我的房東是我人生中的一位重要人物，房東就像是我的再生父母。在開店初期，客源並不穩定，但房東幫助我介紹了許多要按摩腳底客人，為我帶來了客源。起初那一年，房東的幫助對我來說真的很重要，我的按摩師父因此增加了自信，生意也逐漸穩定下來。

房東說我們有一身好手藝，但卻沒有太多人知道，需要推廣。後來房東自己也給我按摩身體，他覺得我很棒也很努力，房東分享了他努力工作的過程一路走來也很辛苦，最終成為了房東。他的故事讓我懂得了許多，明白了付出和努力的重要性。房東鼓勵我，相信我未來會越來越棒，因為房東是一個善良而慷慨的人。在他的啟發下，我學到了許多，明白了有時候我們需要更多的付出和努力，即使看不到即時的回報，但上天總會給予幫助。

剛開店的時候確實非常辛苦，我一個人忙上忙下。由
於我之前在養生館的五年經驗，我的按摩手法得到了
客人的認可。我喜歡陪伴客人互動，聆聽他們的故
事，一起分享。這個過程中，我遇到了許多有趣的故
事，因此一些客人跟隨我到了新的店面。隨著時間的
推移，我也認識了更多的客人。

接下來，我想分享一些我與客人之間的故事，以及這
五年來新冠疫情 (Covid-19) 對人們的影響，包括對我
自己的自律神經產生的壓力。我本來就有恐慌症跟焦
慮發作，現在吃藥才能平衡我的神經，心跳真的很不
好受！

原本我對未來一直持有努力和用心的態度，相信上天
會看到我所付出的一切，事實上也是老天關我一扇門
也開我一扇窗，所以老天是公平的，我相信善有善報
惡有惡報、只是時辰未到，希望很多人都能做個良善
的人、孝順的人，老天一定會看到的。

幸好，我有貴人相助。老天爺給予我磨練的同時，也給予我機會去努力。我的恐慌症可能是因為我原本的工作並不需要太多與人群接觸，大部分時間都在工作室裡進行一對一的互動，這對我來說挺好的。

每個客人都和我建立了情誼，我也喜歡聽他們的故事。雖然我不用出門，就可以知道天下事，有的客人喜歡跟我分享新聞內容跟政治問題，但我通常傾聽著，因為我沒有什麼政治立場，說真的我自己工作都很辛苦了，至於外面的世界，也沒有能力改變或影響，但是能讓客人抒發情緒，同時也了解了很多時事也是挺好的！

第 **8** 章

孩子別逗了

剛開店的時候真的很辛苦，我一個人忙上忙下，我本身客源比師父穩定，因為我在養生館的四年中學習了許多按摩手法，我會陪著客人互動，傾聽他們的故事，一起分享。這過程中真的有一些故事可以挑出來說。

所以他們跟著我到新的店裡去，後來也認識了更多的客人。接下來要分享我跟客人之間的故事，還有這五年來疫情對人們的影響，也影響了我本身自律神經產生的壓力、自律神經的副交感。我發現我恐慌症跟焦慮症發作，著實不好受。

本來對未來我一直保持著努力用心的態度，老天爺總會看到我付出的一切，但是很多事，事與願違。天啊！又逗我，其實疫情影響了好多好多人，但是我本身就是有壓力的人，負擔太重，又要養父母養小孩，又增加了負債指數。還好有貴人，雖然老天爺給你磨練的同時也給了你機會努力的機會！

我的恐慌症其實在我原本的工作中並不常遇到，因為我主要在工作室內與客人一對一地互動。每個客人都

與我建立了連結，我們互相傾聽故事。每個人都覺得我一天下來很辛苦要做 10 到 12 個小時，但這中間我跟客人的互動是快樂的，一邊聽他們唉唉叫的聲音哈哈，但我說我又不得不下手，愛之深責之切，我已經下手輕了是你們太累了。那些客人都回答別管我，我叫我的你按你的。其實我都有調整力量，不是按得很重。按摩不是讓客人很痛、很痛就能有效緩解，適當的疼痛才能幫助緩解壓力，身體達到平衡也會放鬆。經絡按摩本來走的就是穴道，穴道不通則痛，所以就算穴道我沒有按得很重，他們身體本身的壓力和疼痛仍然會產生一定的感覺，然而，經過按摩後，身心平衡恢復了，許多客人都說他們的睡眠品質改善了，身體也感覺輕鬆了許多。這就是按摩的效果！

前面提到我因恐慌症而對人群感到害怕，我沒辦法面對太多人，看到五個人以上的店我都不敢進去，就連每天要去超商買報紙一樣我都會等到人群散去我才敢進去。

這中間還有一個小插曲，就是雖然疫情爆發的時候很可怕沒有工作，但我認識的客人裡面介紹了一個銀行

裡面的行員，告訴我可以貸款青年紓困貸款 100 萬，真的是一場及時雨，本不想再負債更多，但是疫情爆發那幾個月根本就沒有收入，又要負擔那麼多的家計好可怕！還有我的房東免了我兩個月的房租，房東真的是好人，我處處都是貴人。那 100 萬我清掉了部分債務，剩下的錢拿來當店裡周轉，其實還掉了也所剩不多！錢真薄啊！

還有一件事，疫情爆發期間，我的小外甥女（我都叫她小閨女），就是我妹妹的小孩，她的降臨如天使一般的可愛，這兩年療癒我不少，小閨女在我們家整整待了兩年，都是我媽媽帶，我下了班都趕回去陪小閨女，她真的好可愛，我每次最喜歡跟小閨女洗澡，陪她玩水順便一起洗澡，吃小閨女的豆腐，好嫩好嫩的肉，多麼可愛，我對軟軟的肉情有獨鍾，尤其是小嬰兒。

那種感覺相信大家都跟我一樣，覺得小嬰兒就那時候最可愛，長大後天啊！另一個開始。我的兒子就是，小時候可愛的很，現在長大真是在虐我的心啊！

新年快樂

天啊！別逗了 Dear Heavens, Don't Toy with me. ——

在疫情最嚴重的兩個月，全台灣幾乎停工的時候，還好有小閨女，她大概已經六個月大了吧！小閨女開始會互動很可愛時，我幾乎每天陪著小閨女，而我兒子們也把她當作玩具，暫時忘了外面的壓力。每天我都會陪她睡午覺，很好笑的是睡覺的方式，一邊哄她唱歌一邊拍拍她，我經常唱的兩首歌是《魯冰花》和《感恩的心》。她很捧場，每當我唱歌，她就慢慢睡著！

前面說到我從以前合唱團過後，我的聲音就沒有再長大，停留在那時候的聲音，所以我覺得我很適合唱兒歌，中間也陪她唱了很多兒歌，教她那這兩首歌是我覺得很適合讓她睡著的歌，因為我覺得歌詞內容很美旋律挺好聽的，結果我的妹妹跟我說她應該是覺得太難聽了趕快假裝睡著吧，哈哈哈！

誒想起來還真的有可能，這小鬼很會裝，但她是真的睡著了 …… 這中間我的小閨女讓我忘了很多事，生活重心除了工作，就是在小閨女身上得到小孩子的天真可愛，還有笑容。她真的是小戲精，用很多表情逗小閨女，她也會有很多的反應回饋給你。

時間過得好快兩年就這樣過去了，疫情也隨著過去了，妹妹的小閨女也要回去，這中間有點失落，但是工作回到正軌，我也開始跟著更加努力，因為要還錢。那 100 萬還要養小孩、負擔家裡，所以我幾乎每天從早做到晚，還好我有穩定的客人幫我介紹，讓我著實減輕了不少心的壓力！

其實生活中有很多事情，每天都有驚喜，有苦有樂，有歡笑、有悲傷，也有苦惱的事，但是這些都只是過程！很多事老天爺都有給你做選擇，也給你努力的空間，有的人一出生就是命好的很，有的人要付出 10 倍的努力才能得到一點機會！也有人三分努力從此人生開掛！但是你不努力什麼都沒有？你要過怎麼樣的人生，所以努力認真的態度非常重要！

前面說到我一邊工作一邊帶著我的兩個兒子，我小兒子因為有過動症的關係，其實以前老師就曾經提過我，這個孩子跟別人不一樣容易，生氣不守正規，很有自己的想法，但我以為還小，小男生比較皮。

在店裡，我兩個兒子做事不同。老大做事有條有理很快，就把事情做好，老大就可以去看自己的手機去，做他自己的想做的事，這是我的規定。換我老二要做事的時候呢？老二每一件事都要做很久，然後都整理得不是很好，毛巾亂七八糟的排序，地板有時候感覺沒有擦一樣，其實他都隨便擦擦，因為老二偷懶。但我發現了叫老二重做，他總是說我已經做了，是妳太挑剔，已經擦乾淨了。我說明明就很髒，摸了很髒，旁邊還有頭髮。我請他重做，不然我就不給他零用錢！他不清不願的，再做一次。我說如果你未來工作態度是這樣，報告寫不好老闆叫你做你不做？你最後的結果不是收不到零用錢，而是你沒有了這份工作！

小朋友假日都會輪流來幫忙，客人都看得到，覺得我兩個孩子很棒很乖，我教育的很好！這中間也花了很多心思。大兒子小時候很愛哭，在學校我遇到了兩次他被人欺負，剛好都在我去接他的時候，但我都很匆忙就帶走！因為接下來都要工作，我要趕快把小朋友帶回家。

前一天我大兒子說同學說有人要打他，而我把客人排開，接我兒子的時候想說去處理，剛好就看到打我大兒子的那個人，他是一個故事也很特別的小孩。那個小男生本身就是個問題小孩，我接下來的操作讓他有點緊張，但是後來老師說他從此改變成一個很有規矩的小孩。

他打了我大兒子，我請他跟老師出來，也叫我大兒子出來，先叫我大兒子跟他道歉，我大兒子一開始說，為什麼我要跟他道歉，他打我的，我說一定是你做了什麼事，你先跟他道歉，我說很抱歉我大兒子做了什麼事，讓你這麼不開心想要打他，他說他覺得他很煩動不動會往後，看他們在做什麼。我大兒子是個好奇寶寶，那個孩子是五六年級生，我大兒子是三年級，課後輔導那幾天混齡教學。那我說好我請我大兒子跟你道歉了，那你剛剛打了我大兒子，我也請你跟我大兒子道歉，我說我兒子跟你道歉，我不擔心我兒子，未來，我會教育好我兒子不要這麼好奇，有時候要注意別人的眼光，但是我比較擔心你，只因為好奇看你一眼，你就想打人，你的情緒有多少事？你長大想當

流氓嗎？你現在還小就這麼不開心的情緒。動不動就打人。那你接下來的未來你要做什麼？我跟他說如果有下次！我請你父母一起來，你再打我兒子我可以告你傷害喔，這一次請你們互相道歉。這次他更認真的道歉！

後來聽我兒子說那個學長，現在對他還不錯，也說他變得比較不一樣，不會亂欺負人了，我兒子也改變了，我教我兒子很多事，都淡定一點，後來我兒子長大，他真的超淡定，國中的時候淡定到，連我這媽媽都不太理，其實我老大很乖很懂事，他陪我走過了不少的路，他懂我的思維邏輯，他懂事我就會讓他買他想要的東西！

老二小故事

接下來要講我的老二了哈哈哈！我好怕接到學校的電話，國中以後老師覺得我的老二情緒有問題，功課不按時交，個性容易衝動，說話態度有問題。這是我看

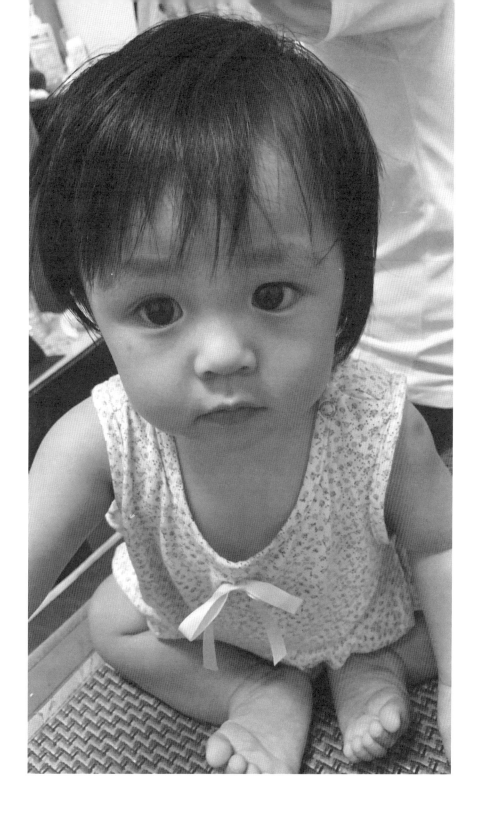

不到的，但是每個老師都這麼說，老二現在國二記過跟警告都不知道有多少，我都暈了，這中間他真的很有事！

老師建議我帶老二去看醫生，他也懷疑我這老二有過動症，老大同時也想去看醫生，他覺得他沒辦法靜下來，讀書反應有點遲緩，所以我兩個一起帶去看。結果老大是有點專注力不足，老二確實就是有過動的問題，最後我兩個兒子都吃藥了。後來都有改善老大成績，現在都跟得上，只有老二一開始排斥吃藥，他覺得吃藥會讓他想睡覺很累，但是老師還是覺得他吃藥情緒會比較穩定。

他有很多故事，雖然年紀小，其實他蠻精彩的！先放鬆一下講我這個可愛的老二的故事，我老二真的很有戲，每次客人來也是很好的教材分享，回去大家都覺得我的處理方式很好笑，我跟別人的媽媽，不太一樣，我覺得一直責罵不是一個解決問題的方法，而是他為什麼會這樣，這中間我了解了很多過動症的兒童，他們沒有想那麼多，容易衝動，就是腦中多巴胺

安異常及正腎上腺素分泌不平衡，所以要注意對老二
的說話方式，跟不可以給老二太多的東西。這一件事
很可愛，差點記大過，老二因為好玩，在同學群組裡
面，跟幾個朋友大聊性愛話題，他居然說他跟他女朋
友發生關係，他先射了。更可愛的是另外一個朋友回
他，是你沒辦法滿足她，所以你還會在這裡，這一段
話被截圖檢舉。

老二在裡面亂說話，只是因為覺得誇張好玩，但重點
是老二沒有女朋友，而且老二才國一還沒發育完全。
這件事我知道了，回家後我把兩個兒子叫來，老二知
道你做錯了什麼嗎？他說他不敢亂說話，我說你有女
朋友嗎？他說沒有，我說這件事如果有，你犯了什麼
錯誤非常嚴重，你毀了一個女生的清白名聲。

未成年發生性行為是有多嚴重的一件事你知道嗎？這
樣還有女孩子還願意跟你做朋友，重點是你們現在才
幾歲？什麼叫談戀愛什麼叫荷爾蒙！現在的年紀不是
你們該做的事，荷爾蒙就是你們發育的成長激素會讓
你們沒辦法好好的思考學習。

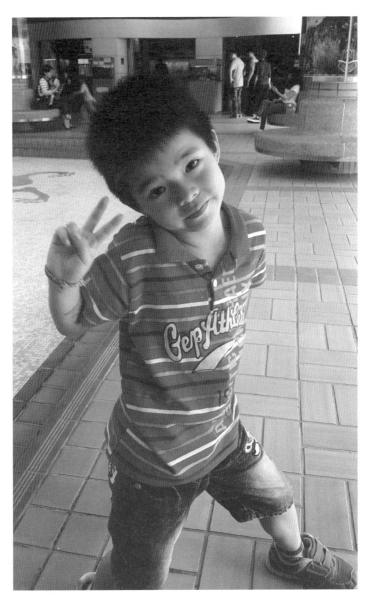

是不是你們該做的事，請記清楚，下次再犯我讓你知
道不是罰寫就這麼簡單。老大那時候國二就有很多女
生喜歡他他是個暖男，但是我跟他們說不可以談戀
愛，媽媽不允許早戀，因為會影響你們的心情跟，你
們的學習態度，他們說那幾歲可以談戀愛？我說 25
歲以上吧！客人說嚴格了吧 25 歲，我說你不先說 18
歲就跟你談了，而且現在的孩子想法，跟以前都不一
樣，我希望我的小孩子在談戀愛之前，多看多聽有很
多選擇，慢慢來才會找到適合的人。

所以很多話要說遠一點，這是我的想法，現在的小孩發育這麼早，我們說了未必會照做好嗎？只是醜話先說在前頭。這件事沒多久我老二又被記好多個警告，作業交太晚交、沒寫好報告。有一次老師好像是本來要給老二小過，最後變警告。他在打掃完的時候，折斷了樹枝然後欺負蝴蝶，我老二說牠快死了，只是想讓蝴蝶趕快結束痛苦，但是看在別人眼裡以為老二在欺負蝴蝶，不知道事情的人如何想，我跟老二說你本身就容易讓人誤會，不要再做讓人誤會的事，請你淡定，好嗎？

國一下學期他們班上的老師辛苦了，班上有很多特別的學生，其中有一個看我老二不舒服。有一天我兒子不小心撞到了他，我兒子有跟對方說對不起，但是不知道為什麼對方還是不高興，抓著我兒子打，老二把他推開對方還再繼續，想要抓著老二。老二火了給他來個過肩摔，打了他幾下後再把他推開，對方還是繼續跑來對著老二打，老二就踹他兩腳，然後老二的好同學就抱著老二，怕他再繼續還擊對方。對方還繼續打了我老二幾下，直到老師來了。

這件事發生在午餐時間，很多人都可以作證。事實上，是對方先動手，我兒子才還擊。但是兩個都有錯，因此記了小過也被罰寫，我回來我教育過我二個兒子，因為我曾經跟小孩說過我們不能製造衝突，當別人要打我們的時候，我們要推開來然後離開現場。

老二說對方就是一直要衝過來，我沒有懲罰我老二，我叫老二下次不可以再犯，我會關掉他手機網路兩個禮拜做懲罰，老二說他過肩摔的時候還有輔助他的頭沒讓對方受傷，因為老二的手腳沒輕沒重了，老二從小力氣比較大，三年級時跟哥哥有學過三個月的柔道，到現在還記得！曾經他在學習的時候教練就說他有天份，但因為某種原因就沒再去練習。

從那一天起，沒什麼人再敢欺負老二或笑他。老二有點過動症同學都知道，但老二也沒有覺得自己特別奇怪，所以容易做出格的事情。現在他國二，他隔壁的同學都要提醒老二吃藥，避免他專注力不夠，現在是要認真學習的時候！

還有一次，老二不好意思一直出賣你，我覺得這個故事，可以說出來給大家來個分享，跟不同的想法，我的客人很喜歡聽我小兒子的故事，因為他們覺得他很可愛！

這是最近國二發生的事，老二有一次騎腳踏車回家，不小心跌倒手骨折了，隔天去學校的時候，在學校跟女生同學發生衝突。因為老二想上廁所跟女生說借過，那女生好像有聽到，後來裝作沒聽到，但我兒子急著想上廁所，所以不小心踩了她一下，事情就爆發開來了，那女生就去老二的座位把老二的鉛筆盒撒在地上，老二也跟著照做，那女生又甩了我兒子書包，我老二也跟著照做。

後來那女生的同學一來，覺得老二在欺負那個女生，所以兩個人打老二受傷的那一隻手，說打他那一支手比較痛，然後又踹了我兒子的腳，因為他的腳有受傷覺得痛，所以他略回擊了，為什麼說他略回擊了呢？因為老二說我有忍住，不然我早就打他們了，還女生勒！

這件事我有跟老師談論，女孩子打老二的理由不是重
點，是老二那受傷的手，針對那個受傷的手打這個就
是趁人之危，我帶老二去驗傷，如果有發生骨折、骨
裂，這兩個女孩要負責任，還好沒事只是有點發紅挫
傷！醫藥費 $800 我讓那女孩出了，同時她們也寫了
悔過書！我跟我老二說那些女孩很棒，懂得保護自己
的同學，我兒子說我被揍耶！我說你應該在踩到人家
的時候就說聲對不起，然後才去上廁所，而不是選擇
還擊不就沒事了嗎？幹嘛理會。

我說拜託你以後就當個酷哥，沒事就坐在座位上，下
課就出去玩，有作業趕快寫，好好複習，快國三了，
你再這樣下去你的手機不保！

這中間還有很多小細節，老二太有戲，我的客人很喜
歡老二，覺得老二與眾不同，未來是個人才哈哈哈，
我說希望老二別惹事，能夠好好為別人著想，他缺乏
的是同理心跟冷靜思考，過動症會隨著年紀增長而慢

慢改善，所以我知道老二的未來能夠有好的人生。我
不擔心我的大兒子，因為我的大兒子他接受了我的建
議，他現在選擇電子電機科，國三畢業去東泰接受國
家的教育培訓。

第 **9** 章

惑與不惑

我有一個故事想分享，以前在養生館的時候服務了一個客人，我叫她老師，這是老闆娘介紹的很特別的老師，五六十歲左右，患有小兒麻痺症，兩隻手都拿著拐杖。這位老師會算命，算是有特殊體質的人吧！

在我服務老師的過程中，在第一次下手為她服務的那一刻，老師就感覺我是一個暖心的人，按的很好，我會特別問老師那邊特別酸痛，平常哪裡最不舒服，這是我常問客人的第一件事，因為我要了解客人的身體，比較方便了解各人的體質和需求，下手就有方向。

我在服務老師的過程中，加強她特別不舒服的兩隻手，因為拿拐杖的關係，老師的手很沉重，還有她的那一隻小兒麻痺的腳，我會加強旁邊周邊的穴道，她感覺很酸痛但又會很舒服，她說第一次有人特別加強那一隻腿，大部分的師傅都只是帶過，而我覺得那邊的循環加強好，走路是有力量的，結果也是如此，老師說她覺得有幫助到那一隻腳，另外一隻腳就沒有那麼累，所以之後老師都給我按摩服務了五六年之久。

在服務時間裡，也會說她的故事，譬如學習八卦算命，其實老師是後母，但是很認真對待小孩，沒有像別的後母一樣。後來老師自己生了一個女兒，期間老師跟我要了我的生辰八字，我索性也給她算命試試看，她說我是個來報恩的人，哈哈哈！又一個天將降大任於斯人。

也同時她說我的貴人很多，其實我就是家裡的福星，雖然老天也是給我來磨練的，但也給了我不少智慧與堅強，她說未來我還有些磨練，但我都可以迎刃而解，她說 60 歲時她可以提早退休，我未來可以開店，我適合自己一個人做老闆，那她可以一起幫忙想著我們未來的夢想。

但是有一陣子她背很痛，我在服務她的過程中覺得不對勁，叫她要去看醫生。這中間她在家裡跌倒了，我還特地去她家裡服務。雖然她住橫山，騎車過去要 40 分鐘才能到達，但因為是她，她對我很好，我們無話不談。她也給了我一些特殊的東西，說是可以轉換我更好的能量跟磁場。我服務後她有好一些，但是她的背沒有好轉，我還是請她再去看醫生。她去檢查發現

是肝癌一期，還好發現的早，做幾次化療應該就會好了，在這中間我確實規劃要一個人出去開店，後來成為了三個人的合夥店。

她中間在養身體，準備要化療的時候跟我說做化療完過來幫我看看環境，我說好啊，結果沒想到化療期間她走了！我很難過，她是一個很好的朋友，對我支持跟鼓勵，給我力量。能幫她服務減輕她的疼痛也是我希望，盡我的力量讓她緩解。但沒想到雖然肝癌發現的早，可是她的身體免疫系統承受不住就走了，實在太突然。她剛滿 60 歲，準備要退休，她規劃裡有我，需要我的幫忙，我也需要她的支持，但是事與願違。很多事總是算好想好，但是命運不留人，她很會算命，但是她算不到自己，想想至少她不會再痛苦了。其實她身體的傷痛我每次幫她按服務的時候我都能感受到，所以我對她更用心。事情過去五年了，我偶爾會想起她這位恩師！

那些年來，每次按摩時她鼓勵我很多，聽了她很多的故事，她一路也走來不易。因為她小兒麻痺，從小有點自卑，後來遇到她的丈夫對她很好。我覺得老天雖

然給你磨練，但也會給你機會、更好的緣分。她知道
我很堅強，承擔家裡所有的一切，才告訴我未來會更
好，只要我肯努力還有多做點善事，孝順多一點。我
未來還有一個關卡，真的五年後我遇到了！

這兩年隨著疫情，改變了很多人的型態跟生活方式，
疫情讓很多吃的店都倒掉了不少，因為剛開始，大家
都很少出門，很害怕，沒得病的怕生病，會發生什麼
副作用，其實還真的很多人得過了，身體變得比較虛
弱，這是我從客人身上幫他們按摩，感受到的。他們
的疼痛指數降低，容易疲勞，這需要等身體免疫系統
增強了，身體就會慢慢修護。

想跟大家分享一個很可愛的故事，我有一位客人上了
七十歲，稱為朱爸爸，他的作息跟別人不一樣，很特
別喔。一般老人家都是早睡早起，而他呢？是清晨
天亮才睡到午後才起，很特別，他在 50 幾歲退休後
就開始過這樣的生活，一般人覺得這樣不好。但是我
覺得他活得挺開心了，我也沒覺得這樣不好，只要開
心生活才是最重要！是因為他兒子的介紹，來給我按

身體，剛好朱爸爸那時候免疫系統下降，感冒人不舒服，朱爸爸不喜歡吃藥，他認為休息多喝水，身體就會增加更多的抗體，也不容易生病，這樣也是有幫助的！

我在服務他的過程中，他的疼痛指數超級低的，他說要對老人家下手輕一點，我說我還沒開始呢？哈哈！我用安撫的方式先幫他慢慢加強，因為他生病，所以疼痛指數確實比較差。因為常常來，變的是無話不說，他現在固定每個月按兩次，我們有說不完的話跟故事，還有他的太太也是我的客人之一，我跟他的太太更是說不完的話。

他家的點點滴滴真的很精彩！說實在每次遇到他們兩位我都很開心，一邊服務一邊互相聊著天南地北的故事！有一次朱爸爸說最近不舒服，要去健檢，給果是頸動脈硬化，這個說辭我聽起來怪怪的，我覺得要好好再做進一步的檢查，門診後醫生說是心臟有血管阻塞的現象，建議立即安排做手術，結果裝了三個支架！

重點是他回來跟我分享了他三天的住院過程，真的很好笑，以前的他覺得開心且把身體養好就知足了，可是他住的那三天，讓他覺得人生觀都大大的改變了，天堂跟地獄根本就存在於平行空間，醫院當時只有三人房可住，朱爸爸因為並不需要臥床，所以他可以走來走去，但是他旁邊住了另外兩個人，讓他感到非常害怕，一位因為抽痰造成疼痛而不斷地呻吟，聽著感覺好痛苦，每呼吸一口氣，都可能是「最後一口氣」，平常不在意的空氣頓時覺得好珍貴，也對這病人好心痛。

但更難過的是另外一位面臨要洗腎的患者，每次醫生來巡床時，都會吵著問他的病情到底有怎麼樣的問題，但醫生總是冷回說肝指數還沒驗出結果來，有了數據再說，感覺就是病情很不樂觀，這樣不斷地再問不斷地再吵，那個魔音傳腦的感覺，也讓著朱爸爸著實很不安！說到這位平常可能習慣於呼風喚雨的像是老闆的患者，已不耐臥床超過兩星期，三不五時就會跟另一床請來的資深看護起衝突，三字經都是直接開罵，若不是患者身上插滿了點滴管，恐怕早就拳腳相向了，而生死看多了的看護，也不是什麼省油的燈，

因有很多其他看護當後盾，主場優勢明顯，就常會故意用很大音量講電話，或說馬桶沒沖……等事件向鄰床患者挑釁叫陣，糾紛不斷，朱爸爸為了避免遭到無謂波及，只好走到離病房最遠的地方滑手機，一直到沒電才回來，但最令朱爸爸無言的是，這位患者似乎覺得來日已無多，該交代些後事或遺言什麼的了，幾次打手機給其兒子，很卑微的說「來一下下就好」，但電話另一端總是很簡單且冷默的回答「有空就會來醫院」，似乎完全無視於老爸現在的病情，真應了俗話說的「久病無孝子」，唉！平常就要多積善緣啊！回來朱爸爸跟我分享了這一段經歷，我跟他說可怕吧。

醫院確實讓人感到害怕，我也和他分享了我曾經在長照機構實習的經驗。在那裡，我們真實地目睹了照顧重症患者的情景，他們要不是被插管，就是需要透過胃管進食。而且還經常能聽到他們不斷呻吟的聲音。那時候，我和一起學習的同學都感到非常害怕。

我們服務的一個對象，他看起來不老感覺他年輕也挺帥的，可是他的眼神非常厭世，我能感覺到，他的無

奈是因為手腳都被綁著，我服務到的是他，我跟同學
被嚇到，但是我跟他說很抱歉，要折騰你了，辛苦你
了，其實我有點含著淚光，看著他這樣，又看著其他
的同學服務的對象，那個環境真的像地獄，平常的我
們根本是活在天堂。

我跟朱爸爸說，本來我覺得服務老人家是不錯，但是
看了天堂與地獄的差別，就覺得好可怕，還是回來好
好做按摩好了，療癒我的客人，至少心情都是愉快
的，我們分享的這個過程，我告訴朱爸爸，你現在都
裝了支架，所以你要更認真面對你的未來人生，你都
願意裝支架就是為了活下去。

現在科學很發達，以前人死得早現在人活到老！超過
100 歲的，多的是！

其實朱爸爸最近也幫了我很多忙，給我了很多鼓勵，
還有他的太太。我要寫的這本書也多虧了朱爸爸給我
的啟發和鼓勵，跟我一起完成了這本書，這是一段過
程，也是個很特別的體驗，讓我重新檢視我的人生，

其實往回看有很多事太複雜，我這些故事，都用比較簡略的方式表達，有很多傷痛帶過一點就好，畢竟事情都過去了，我現在只是要把我這些故事還有我接下來要做的事情，儘快的跟大家分享！

我新開的店逐漸吸引了越來越多的回頭客，令我感到神奇的是，我能更容易地了解我的客人。也許是因為我學到了更多的知識，當他們身體不舒服或情緒有問題時，我能感受到他們的不適，並引導他們慢慢敞開心扉。在這過程中，有幾個故事我可以與大家分享，也有些數字改變了某些人的故事。然而，這需要有人相信吸引力法則，我也相信，因此這些年來，我結識了許多對我人生觀有所不同的人。我的人生走到現在並不容易，但沒有人能看出我背後的辛酸。我的客人都說我很棒、很樂觀，因為我分享他們的故事，同時也分享了我的故事。我們一起哭、一起笑，人生並不是一定要悲觀，擔心如果自己死了會有什麼後果。重要的是你要想著現在該怎麼做，這是我與客人們的對話。

我接待了許多只剩下幾年可活、甚至是癌症患者的客
人，但我鼓勵他們要麼接受治療試試看，如果你覺得
健康免疫系統可以你就試試，如果你覺得你的身體比
一般累，那你就不如好好過你接下來的人生。躺在那
裡未必是一件好事，不如將你剩下的人生過得精彩，
或許還有更多年可以活呢！

因為我身邊有一個非常精彩的故事，那就是關於我的
叔叔。他算是個奇人，身上患有兩種癌症，其中一種
是食道癌，醫生告訴他已經是三、四期了，他接受了
幾次電療，本來準備進行切除手術和化療，但他堅決
拒絕了。我想他是被嚇到了，但五年過去了，他依然
健在，米酒跟煙都沒有停過！我媽說這種人喝酒喝都
不怕，不會死，等我們死了他可能還活得好好的！
哈哈！

這個故事發生在五年前，當時我在路邊撿到他，他已
經失蹤了十年，到處流浪。他的人生非常特別，但我
從未想過我只是想幫我爺爺一個忙，讓他有一個完整
的人生結局。然而，他的生命力比誰都還強，連我最

崇拜的嚴凱泰都已過世三年了，而他還在這個世界上
活得非常厲害。知道我叔叔故事的人都覺得這非常神
奇，而我自己也沒想到我有這麼多事情，還要多養
叔叔！所以，我拿這個故事告訴了許多感到困惑的客
人。我有一位客人，我們已經認識好幾年了，一起聊
過很多的想法和對生死的看法，有時候甚至談到一些
有趣的死法。但是聊完之後，我告訴他如果死這麼好
的話，那活著的人該怎麼辦呢？

還有這故事，我本來不好意思寫出來，但是經過本人
同意，我稱之為風雲哥的精彩故事，我只摘選部分有
關他的故事，這位風雲哥在年輕的時候，是個叱吒風
雲的人物，做了很多善事幫助不少人，也成就了不少
人的事情。風雲哥還曾經跟某位總統吃過飯！

風雲哥年輕時是從事水泥工，一開始很辛苦，然後轉
做建築建設開發公司，努力接案，幾年間靠著努力跟
機緣也得到了當時大環境的支持，又踏入了政壇當選
某市民代表或是議員。

風雲哥很棒，也有一個非常好的太太，我稱為奇女子，她幫風雲哥處理好他的家庭跟小孩，而奇女子呢？也有自己的工作，很有才能也很有智慧。也是個傳奇人物，奇女子非常會理財，跟風雲哥的財富是分開的，為什麼也要說奇女子的故事呢？因為曾經我們相處了三年，奇女子跟了我說很多不同的見解，還有她對她孩子的疼愛，說真的我到現在還記得奇女子。

奇女子在我每次離開的時候，總是給我甜點、水果、好吃的東西，怕我回去忙的時候沒有東西吃，她讓我真的感覺到很大的母愛關懷，她真的是個好媽媽，偶爾我都會服務她額外的 30 分鐘不收費，因為奇女子總是覺得她自己不痛，但是我覺得她需要，所以我說給我個機會多按幾下吧！

奇女子過世以後，我去服務風雲哥的一陣子，感覺他更憂鬱了，開始聊他的遺憾，跟奇女子過去的點點滴滴，風雲哥覺得虧欠了奇女子很多，是一個很好的賢妻良母。

這兩位長輩我都是去家裡服務的，是跪在榻榻米米上服務的。我跟風雲哥說，我跪天跪地就屬跪你最多，你可要身體健康，剛開始我去服務的時候，我覺得風雲哥有點憂鬱，因為身體的疼痛，風雲哥的腰跟走路都不好出力，經由女兒介紹我才去服務的。

那時候我剛開店，算一算也服務風雲哥五年之久。常常聽風雲哥很多故事，風雲哥也介紹很多舉足輕重的人物讓我認識，但是這些就略過。這五年我在風雲哥家裡服務的時候，看過很多人都來關心風雲哥，他過去真的做得很好，現在風雲哥有點歲數了，但風雲哥的邏輯想法還是很清楚，其實風雲哥的事蹟真的可以自己出一本書，可惜沒有！

但我想把風雲哥跟奇女子放在我的自傳裡面，跟他們相處的點點滴滴，我想永遠記得他們的故事，真的很棒，很值得學習其努力向上的精神跟智慧，都是我成長的動力。

五年來我去服務，尤其是奇女子那三年，我們雖然只說 20 幾分鐘的話，但是妳對我而言，真的是良師益友，希望在天上的奇女子能聽到我為妳禱告。

奇女子很棒，她真的非常善良，曾經幫助過很多的人，我很希望未來就在天上不用再做人的磨練，而風雲哥我希望你健健康康，小心走路注意不要跌倒，看到你的傷痕都會讓我感到心疼，感謝一路有你們的陪伴，我會繼續努力！

我另外有一個很好的女客人稱為玲，也跟我 10 年之久，我們中間說話方式都很可愛，前面提到我很容易做夢，常常夢到哥哥，更喜歡在夢裡的感覺，現實生活太累了，還好老天爺給我一個容易做美夢的我，夢就像仙境，有時候會有一些奇怪的故事，奇怪的場景，好像我曾經擁有過，很特別，有些故事也在我腦袋盤旋過很久，如果真的要寫夢中故事的話一定很精采，我的夢裡都很夢幻，我還夢過我是會飛的，真的很酷！

因為我的夢跟現實落差很大。每次玲來她都會問，有什麼好夢啊，或是最近有什麼消息？我說我夢見劉德華了，是我的常客，夢裡我從小到大，都很喜歡劉德華，所以有時候夢到我都很開心，我還夢過林志穎、吳彥祖還有陳冠希。有一陣子流行的韓劇，我最喜歡朴敘俊，也讓我夢到他了，好開心好浪漫，一覺起來真捨不得！玲每次聽了都哈哈大笑，都覺得好好哦，玲都做一些有壓力的夢，這兩年疫情，玲好辛苦，想生小孩，去做的是試管嬰兒。

真的很累，我看著她一次又一次，玲總共做了五次，從苗條少女變得胖嘟嘟的，因為吃的黃體數會變胖嗎？也因為玲述說有關試管嬰兒的過程，了解到要怎麼取卵子，什麼時候打排卵期針，還真的是厲害的科技，培育好的卵子，再放到母體，我每次看到她又來了就知道又失敗，雖然看到玲很開心，但是怎麼又失敗了呢？

後來她換了一位台北的醫生，因為那位醫生的卵子可以只放三天，就放到母體試試看。其他的醫生大部分

都要培育五到七天，但是玲有點高齡，所以卵子不到第五天又沒了，前後共做了五次花了 100 萬，我說這生出來的小名，男的要叫做百萬，女的要叫做千金，哈哈哈！真的很辛苦，其實難為了女生為了小孩需要做這麼多的等待跟壓力，還要花這麼多錢，玲的小孩一定會非常孝順，不然真的要挨打屁股了。

她生了小女孩！很開心做完月子，就回來跟我分享照片，天哪 …… 也太像她爸了吧！她說是啊，怎麼不像自己，我說未來應該會改變。但是看起來真的太像她爸，是完全複印出來的。這種試管嬰兒，比自然生出來的還要酷！生子之路對玲來說真的不容易，玲說她前面太放鬆了，我早就說過了，要生妳們趕快生，認識那麼多年了，妳們還在猶豫不急！現在小孩也七八個月了，好快喔，疫情也過去了，快三年了！

第 **10** 章

抉擇

我竹荷月的店，不知不覺的就經營了六年，現又再與房東續約六年！唉時間過好快，孩子也大了，我終於可以放輕鬆努力賺錢，也是該存錢的時候，在疫情的時候，大家都要打預防針，在打第四劑的時候，誘發了身體上的疾病，血栓指數變高，得了肺栓塞！

經過一連串的病痛經歷讓我掙扎不已，尤其是肺栓塞這個疾病，我深知其嚴重性，因為我婆婆就是因為這病不治而過世，拖了五六年之久！所以當醫生告訴我也患了肺栓塞，而且是急性的時候，我問他還剩下幾個月的時間可以活呢？！他說一般人都會問該如何治療，而我卻問剩下多少時間？這可是一個會突然死亡的疾病啊！

其實我心裡明白，這可能是老天爺給我一個休息的機會，因為我深知肺栓塞的痛苦過程，我不想再次經歷那樣的折磨！醫生給我兩個選擇，一是立即住院吃藥吸氧氣，二是吃藥但藥物比較重，但可以回家觀察，先吃兩個禮拜。由於後面兩個禮拜我的客人排滿了，所以我選擇先壓下來再說吧！

這時候已經是開店的第五年後，我想起所有老師都說我的人生會有一次大劫，我想說的就是這個吧。其實在打第四劑之前，我的自律神經失調也同時發作，當時去急診的經歷非常可怕，因為剛好又得了泌尿道感染，讓我那幾天睡不好，受到影響。那時候是孩子的爸帶我去的醫院，我們當時剛離婚。但是以和平的方式結束了這段婚姻，並共同撫養著兩個孩子。這是我們多年來的相處方式。他第一次看到我自律神經發作的情況，我頭暈目眩、盜汗、心跳加快，非常想躺下去睡覺，但我卻無法入睡。我全身的血管都在抖動，我的腦波感覺後腦麻麻的跳動不已！說真的，同時有 3 種疾病同時發作，身體真的是不堪負荷啊！

後來醫生幫我打了鎮定劑，開了三天的安眠藥，讓我回去休息。吃肺栓塞的藥物，然而這些藥物讓我食欲不振，可能與打第四劑有衝突，所以那段時間我身體感到很不舒服。

還好，我的工作是靜態的，不需要走太多路或爬樓梯，沒有人察覺到我的不適。直到有位客人分享了我的狀況才說：「天啊，你可別命都不要了，我們還需

要你呢！」這讓我非常感動，但我告訴他們，我害怕是那個過程，哈哈哈哈，我不怕死，只怕病痛的折磨。那種來回醫院的經歷，我真的不想經歷！

這時候我已經四十歲了，不惑之年的下半年。天啊，又逗我了，連客人都覺得我這一段經歷也太不容易了，發生了這麼多事情。我會向客人們解釋清楚，也即將講述故事的最後一部分。

就是我兒子被詐騙的過程，這正是我想要傳達的原因之一。我要講述我面對生病的態度，以及如何與孩子相處，如何與兒子做個告別，然而，我也決定好好地吃藥，因為我兒子受騙的這件事讓我明白，我需要多一點時間與他們好好相處，陪他們走過人生，教導他們生活的態度！

前面提到我開始吃藥了，然而這段期間我感到相當不適。兩個月過去了，我並沒有感覺到什麼改善。天啊，我又有事了，這時遭遇了一場車禍。幸好並沒有流血，但由於我正在服用藥物，疼痛指數比一般人高，

我受傷的部位主要集中在左半身，特別是腿部和腰部。在最初的一個月裡，我無法好好地入睡，只要不小心壓到左邊，就會因劇烈疼痛而醒來，甚至腳部也會抽筋，這種感覺真的太可怕了，終於讓我體會到了客人們所形容的腳抽筋，到無法行走的痛苦，甚至上廁所都需要爬行。這樣的情況真的太誇張了。

不到一個月的時間裡，又再發生了一個意外事情。我從來沒有將皮包放超過三、五千元，因為我大部分的錢都會整理放在另外一個地方。然而，就在那天，在我騎車去購物時，1 萬 9 千元不知何故從我的口袋飛了出去，當我到達目的地時，才發現錢已經不見了！當時我感到非常有點欲哭無淚，這些錢是需要支付我的貨款以及店裡的機器壞掉需要更換。

我在 Facebook 上告訴大家這些事情，因為我正在休養中，直接在 Facebook 上說比較快。一直遇到令我心寒的事情，可以說是倒楣到了極點。沒多久前才被車撞到，必須休養兩個月。親愛的親朋好友們，你們都知道我的一個月收入有多少，我必須要維持兩個家

庭的開支，還要還債。事隔 1 星期，在路上又掉了錢包，裡面的錢不翼而飛，可是警察休假，沒辦法立即處理。

話說車禍的對方保險專員只願意賠償我三萬多元。而這段時間客人的流失也讓我感到心痛，讓人這樣看待，我覺得有點被看不起！身體上的傷痛一直持續到現在。幸好還有一些暖心的客人，特地幫我買了豬腳麵線，還有客人願意幫我，聯繫保險公司的理賠人員，這讓我稍微感到一些安慰。還好有這些支持我的客人，等我恢復好了，我會更加努力，我愛你們。

當我的身體不適要回診的時候，我猶豫了。因為身體的疼痛而感到非常困擾，再加上最近孩子的問題也很多。由於身體的限制，我需要孩子的爸爸幫忙上下樓梯、整理毛巾等事情，這常常導致我們之間的爭吵。讓我感到很煩，我開始質疑為了他們而吃藥帶來的身體不適是否值得。

這段時間過得相當辛苦，我決定暫時停止回診並停藥了一個多月。所幸身體情況稍有好轉，於是我跟一位好朋友兼客人聯絡了起來。

我和這位朋友已經相識了十年，稱之為瀟灑哥好了，他的人生經歷非常特別，雖然瀟灑哥出生在富裕家庭，但瀟灑哥從不認為那是他的錢，瀟灑哥認為自己賺到的才是真正屬於他的，瀟灑哥從來不依賴家族的資源，過去的十年間，他投資股票和打麻將都非常出色。

我讚揚瀟灑哥有自己的想法，但也提醒他要注意熬夜對身體的影響。在我眼中，瀟灑哥像個小鬼，不像40歲的父親，但這樣也挺好，他看起來比實際年齡年輕，這是好事！他很可愛，總是覺得自己很瀟灑，但因為我認識他太久，他的行為模式跟思想我覺得有點傻！叫他瀟灑哥希望他以後能過得瀟瀟灑灑！

恰巧在我受傷期間，瀟灑哥聯絡我想要按摩。我告訴瀟灑哥我最近受傷了，我們聊了一會兒，然後問瀟灑

哥最近有沒有打麻將。瀟灑哥告訴我他最近忙於上課，我表示讚賞，但也告訴瀟灑哥我最近心情很悶，問瀟灑哥有沒有時間帶我一起去打麻將。他非常樂意地答應了，我發現瀟灑哥是個很好相處的人，說話有點幼稚但容易親近，打麻將的人也大多如此。起初我有點不習慣這種氛圍。但我參觀了幾個地方，看到了不少富有的人，但你真的看不出來！他們因為無聊喜歡打麻將，喜歡聊天，講一些黃色笑話，無所顧忌！謝謝瀟灑哥陪我度過那段時間，後來我告訴瀟灑哥我還是要努力認真工作，瀟灑哥也接下來忙著準備上課。

後來我決定轉到竹北生技醫院就診。那裡有一位女醫生，我覺得她說話的方式很棒，喚醒了我。她告訴我，從我的病情來看，需要持續服藥，如果我現在不吃藥就等於浪費國家資源，她讓我好好想清楚。她安排了下一次的血液檢查，但因為她很忙，我請她介紹其他醫生給我，因為我不太喜歡等待，怕太多人。

這時，我忙著處理各種事務。我和師父討論了未來的安排，決定繼續經營店鋪，並讓孩子們住在樓上，孩

子爸會幫忙共同負擔房租，因為這家店孩子的爸也有出過錢，所以孩子的爸算是股東。我將店鋪收入的三分之一存起來，作為未來可能需要的資金備用。此外，我也努力自己存錢，將一部分投資於美元。分別給兩個兒子投資了綁定兩年的美元，等到他們未來 18 歲時可以運用或當作生活費，我告訴兒子，我和奶奶得了相同的病，讓他們了解這個病的原因。

我特別向大兒子交代了理財事宜，教他們如何管理錢，因為我擔心他們未來不會理財。我告訴他們理財的步驟，如果每個月賺 40,000 元，至少要存下 15,000 元，剩下的 25,000 元中，有 10,000 元要負擔家庭開支，剩下的 15,000 元可以拿 7,000 元作為生活費，其中 8,000 元也要存起來，用於偶爾出去玩的娛樂消費。存起來的 15,000 元，如果累積到一定的財富，可以用於流動資金的投資。我客人讚賞我很屬害，他說現在的人只教小孩子自己維持生計就好，但我告訴他這樣小孩子根本不會為別人著想，也想不到未來的家庭負擔。所以我持有這樣的觀念，也是我一路走來還債存錢養小孩養父母的方式，真的不容易！

當我沒吃藥的時候，我那多嘴的小妹告訴家人，大家都很擔心我，我說我不是不吃藥。我向他們解釋說，我正在等醫生給我建議，如果情況好轉我會再考慮。後來醫生告訴我，我的血栓指數是別人的三倍，必須趕緊開始吃藥。他給我開了一種副作用相對較小的藥物，雖然效果會比較慢，但不會讓我感到太不舒服，比較不會影響我的食慾。

我接受了這個治療方案，在這期間，我瘦了很多，看到自己都覺得是憔悴不堪的樣子，所以我開始努力進食，希望能增加一些體重。我也用筋膜按摩來調整我的臉部，使臉型看起來更好看。這也是我的專業技術的一部分，客人都誇我看起來年輕了，我說沒錯，這是必須的。我要讓自己變得更年輕，身體更健康。我也很認真地控制自己的體重，讓它保持在 52 到 54 公斤之間，我的身高是 163 公分。

現在我選擇了吃藥，也常思考很多事情。當我受傷時，我完全沒有工作，但我的姐姐和母娘告訴我不用

擔心未來，她們願意一起承擔家庭的負擔，讓我好好養身體。我承受了太大的壓力，這也對家裡的事情產生了很大的影響。現在，姐姐有能力，而媽媽最近也有工作了，都可以幫忙。現在未來就要辛苦姐姐跟姐夫了！

在我個人方面，我也調整了生活步調。既然我選擇了吃藥，我就要放慢節奏，讓自己的身體慢慢康復，過上我想要的日子。我不用再為了家計而擔心，這讓我省了很多心思。我開始放鬆自己，休假時會出去散步，晚上會走到公園，在盪鞦韆上聽著我喜歡的音樂，穿著平常很少穿的長裙，悠閒地盪動著。我感到很浪漫，很放鬆，凝望著美麗的星空。

很久沒有這樣的感受了！有時候星星特別多，讓我感受到這個世界的美麗，客人說我還有這麼浪漫的一面，我告訴他們，其實我一直都很浪漫，只是對自己浪漫而已！現在，我只想為自己過得開心，除了為了孩子們，其他事情我不再多想！

第 **11** 章

詐騙

今年真的誇張，除了身體除了自己的事，就連我大兒子也被逗了，他很乖很貼心，因為從小大兒子就容易為別人著想，唯一的一點就是跟他弟弟很不合，這真的讓我很傷腦筋，我一直強調他弟弟是個過動症，所以想法跟別人不同，你要好好的跟他說話跟教弟弟思考方式，從小玩在一起不覺得，長大怎麼這麼難相處！

最近因為在網路交友 FB 聊天認識了一個仁愛國中的女生，那個貼圖很漂亮，我說不會是女朋友吧！大兒子說沒有啦！只是朋友。可是當大兒子跟我說，因為刷卡繳費，跟我要資料的時候，我就產生了疑惑，但是我覺得刷卡如果有問題，我隔天停止都沒問題，所以那一天我給了大兒子資料，重點不是我的資料。

那一個女孩跟大兒子分享了一個遊戲帳號，女孩說帳號裡有很多的錢，但不小心把錢存到了大兒子的帳號去，女孩要大兒子還給女孩，同時我大兒子所有的帳號跟 ID，都照他的步驟也給了他，大兒子怎麼還給他點數的，就是用小額付款，令人傻眼的是小額付款可以付到 3 萬元。

客服說因為系統有偵測到媽媽有用信用卡繳過電話費所以現在必須要核對媽媽用來繳電話費用的信用卡卡號

客服說因為系統有偵測到媽媽有用信用卡繳過電話費所以現在必須要核對媽媽用來繳電話費用的信用卡卡號

核對完成之後系統才會讓退款的審核通過

退款只能從儲值的手機裝置去做申請才會成立

核對卡號就完成了

我就算知道卡號也不能做什麼的

很不好意思麻煩你和你媽媽了

 Aa

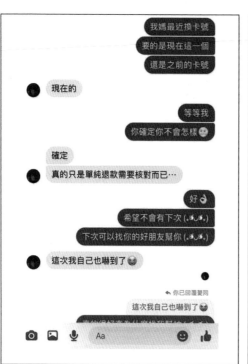

.ıll 中華電信 📶　　　下午 8:34　　　@ 20% 🔋

< 　　　　　　交易明細

訂單編號　　　　　MTC230502095172
交易日期　　　　　　2023/05/02
交易狀態　　　　　　交易成功
繳款與否　　　　　　未繳款

交易金額　　　　　　　1950元

產品資訊

名稱　　　　　　　MyCard點數

描述　　　　Mycard線上小額付費

代號　　　　　MBTWN-002000

單價　　　　　　　　1950元

數量　　　　　　　　　　1

小計　　　　　　　　1950元

這事情讓我跟電信業者商討了很久，怎麼會有這樣的方式，什麼是小額付款，我的電話用 Google 照片消費，就說還剩下 2900 多元，為什麼買遊戲點數就可以小額支付超過 3 萬元，這中間不覺得奇怪嗎？為什麼小額付款可以這樣隨便支付，還未察覺到是不良交易，我非常質疑電信公司是不是有問題，後來要我提供報警的三聯單讓他們去做後續的補救程序！

我大兒子隔天跟我說信用卡被盜刷了 40 元，所以我暫停了付款，我請大兒子聯絡，那個女孩子發生了什麼事，那個女孩子一直不回應，沒多久我大兒子的 FB 的所有電話 ID 都不能使用，因為所有的資料都被盜！後來我打到仁愛國中去查證，原來那一個女孩在一個禮拜多前帳號就被盜，但是女孩沒有報警處理，也沒有把 FB 的資料下架！這件事情我覺得他們沒有好好的想到事情的嚴重性，但也別提了！

接著隔天大兒子帳號也被盜換，用我兒子的照片繼續在 FB 騙人了，隔天我就覺得，這事情不單純會持續發酵，所以我除了報警外，我立即聯絡了認識的鄭朝

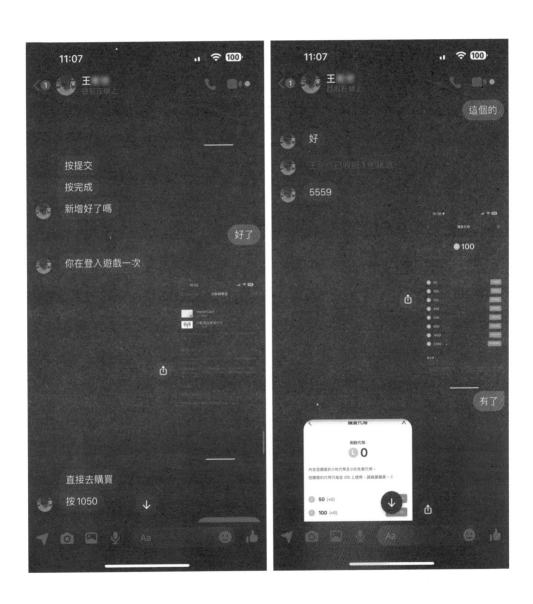

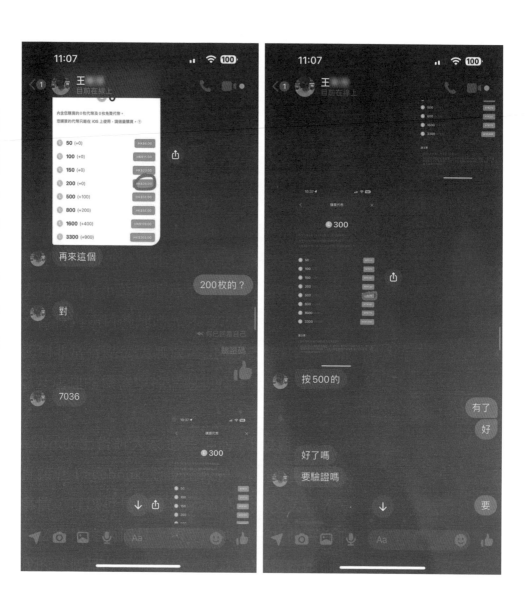

天啊！別逗了 Dear Heavens, Don't Toy with me.

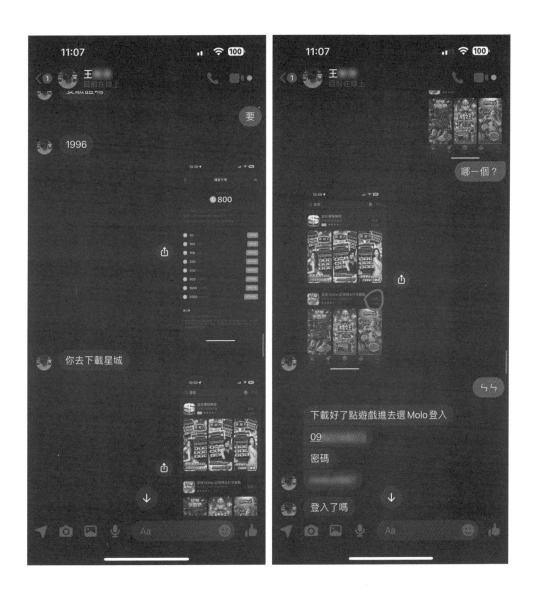

153

天啊！別逗了 Dear Heavens, Don't Toy with me. ——

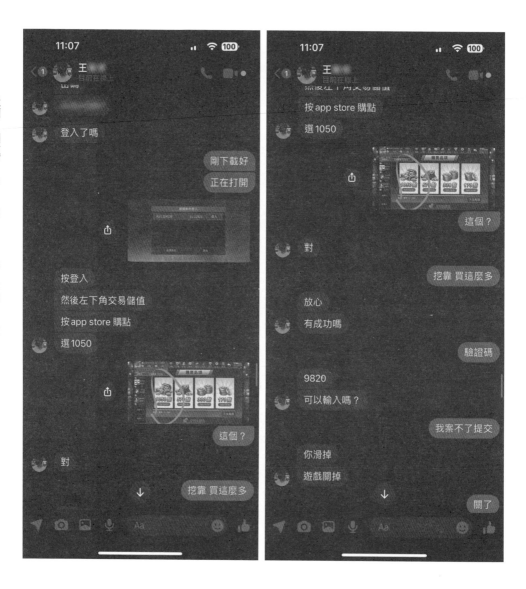

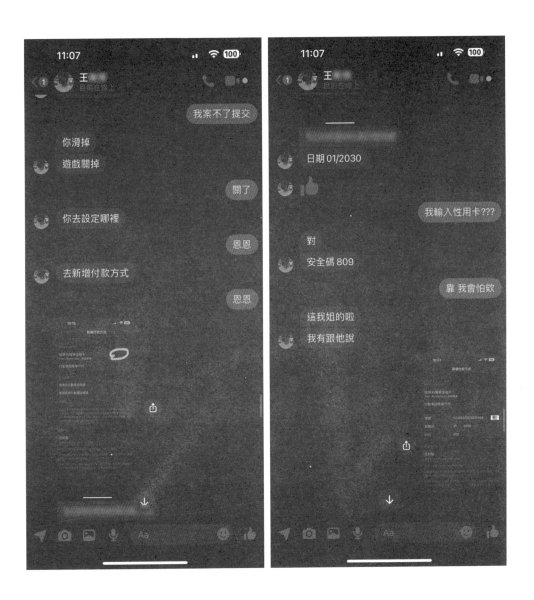

天啊！別逗了 Dear Heavens, Don't Toy with me. ────

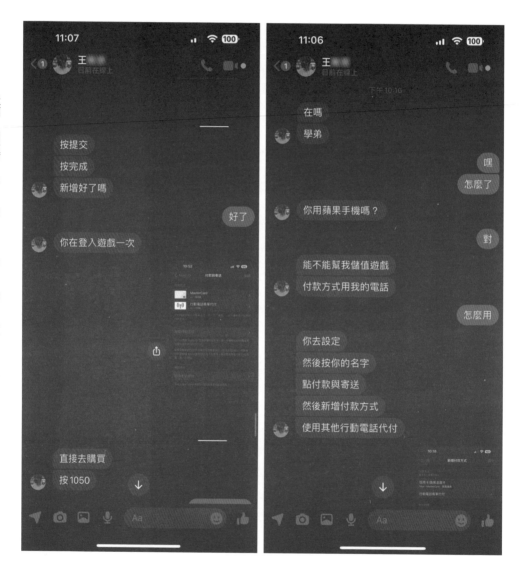

156

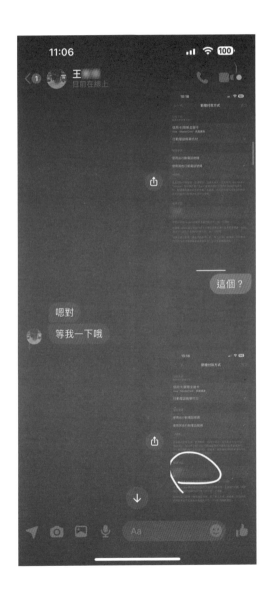

方市長朋友的記者幫忙，發了一個稿說現在所發生的對小朋友網路詐騙的事件，這件事真的要感謝郭政芬記者。還好她也覺得這件事情很重要，所以馬上幫了我忙，把一些相關資料提供給她，馬上就寫了一個新聞稿。真的有她的即時幫忙，也感謝鄭市長的幫忙能介紹記者給我，才能讓某些孩子沒有繼續受害到！

當天盜我兒子的人，後來在學校又騙了三個人，雖然當天我叫兒子趕快跟老師說，請別人不要相信我兒子的帳號，但是來不及又一個人被騙，還是我兒子的學弟。學弟很可愛，盜我兒子的人 Line 一句話給學弟問說在忙嗎？請學弟幫個忙，學弟回說怎麼用，也不猶豫，過程中他的學弟也照了他的步驟操作，學弟後來有點害怕，越想越覺得不對勁，但還是損失了將近7千。

　我跟我大兒子說，你人緣真的很好，你的學弟就這麼相信你，那個遊戲很複雜，一看就不像是你會玩的，但他還是幫你，其實這是我安慰我兒子！這段時間兒子已經在準備高中會考，由於感到害怕根本無心讀書！

我大兒子將近一個禮拜多，都沉浸在害怕恐慌中，大兒子都睡不好，才跟我說他都半夜會突然嚇醒，想到那個過程他怎麼會這樣做，上課的時候大兒子拿筆都會覺得抖。根本就沒辦法專心，其實他說的感受，我知道也替他感到難過，但我處理的方式，讓大兒子覺得好過了很多，因為我在三天就有新聞稿報導這詐騙手法，還有向警方完成了報案手續，但大兒子被盜刷的 3 萬，被我凍結了在遊戲端，本來我還要沒收存在他手機裡的的零用錢 1 萬元，要他也拿來負擔。

但是我客人說，大兒子應該壓力很大，他幫大兒子出那 1 萬，叫我把錢還給大兒子，其實我本來就沒有要動用到大兒子的錢，我只是要讓大兒子知道，事情發生了也是要負些責任，手機被他爸爸復原後，因為 ID 全部不見，孩子的爸爸去幫大兒子重新找回來，手機就還給大兒子了！

我怕大兒子焦慮，有手機會分散注意力！我也聽了一些客人分享的故事，盜刷事件以及小朋友被騙，跟網路詐騙用小額支付的問題一直是存在的！這讓我著實感覺不舒服，因為我大兒子的反應還有其他小孩也會

受到傷害，所以為了我大兒子，媽媽當了一個瘋子，繼續追問警察這案子的進度。

警員他們能力有限，他們要等文件出去了，再等文件回來了，這一些都是需要時間，來來回回的公文程序，我聽來聽去都累了，我說現在是網路時代只要Mail來回就可以了。

我跟警員說你們都有專線Mail的，可是你們只要能跟他傳過去說，現在是詐騙案件，電信公司就能配合，但是警察說他有他們的程序，他們沒有那麼多的權限！所以這時我又去陳情了總統府為民服務的便利專線，跟專員的談話內容，一開始他們不太懂我要陳情的重點，後來有另外位主管專員幫忙知道我陳情的問題所在！也感謝他回覆了一封我陳情書的正式公函！

問題是警察的權限及能力不足，所以我才用蔡英文總統的民便陳情專線陳情這件事，希望能讓警察的步驟快一點，利用最大的公權力做這件事，讓小朋友詐騙案，不要再發酵下去。我還到行政院內政部陳情，好

好笑我真的是個瘋子，為了兒子，我客人說我是為母則強，我說哪有個瘋子會這樣。

但是我就覺得我需要做點事，不然這時間發酵了，暑假快到了會有更多的小孩受到傷害，果不其然二個月過去了，還是有人受到詐騙，最近我跟承辦的警員有作聯繫，他們都有把資料傳出去，但是還沒回來，他們也在繼續等待，還有很多的步驟要完成，不是我自己想的這麼簡單，我說事情已經發酵了，只希望你們能加快腳步。

因為現在還有人在被騙，就表示遊戲端裡面，詐騙的人，還不知道他們被發現了這件事，所以我跟警員說到遊戲端，跟他們說詐騙的事情，然後凍結了所有遊戲的分數，還有所有的分數會到哪裡，去變成了帳戶，真的要請警察加油！二個月過去了，帳單上面還是三萬元，業者都未收到警察的程序步驟，為什麼警察程序需要這麼久，我們都已經凍結在星冠科技遊戲公司，只要一個程序司法程序判決就可以把錢還給電信業者，而不是電信業者一直要討要我們被詐騙的錢，這樣的冤大頭誰願意當？

陳情書都下來一個多月，為什麼還有小朋友被詐騙？前兩個禮拜小朋友的學校還有收到小朋友被詐騙的行為，現在都暑假了，我為什麼急著想要讓大家大眾知道這一本書的原因，不外乎想要讓小朋友不要因為信任而受到傷害，也不要因為某些人覺得可以得逞因而得利。詐騙的手法層出不窮，所以就沒有那麼重要，沒有那麼急嗎？一定要找到杜絕的方法，不然這些人就會有更多的方法想要再詐騙更多人。

我也希望詐騙的人能換位思考一下，如果是你的小孩你自己你良心過意的去嗎？很多事不是不報時辰未到，你今天獲利的這些錢，並不是你用心賺來的錢，取之有道，道之有道，也要能用的到。上天是很公平的，你今天做好事，現在未必馬上能給你成果、給你果子吃，但是他是會給你機會的，你今天所做的每一件壞事，有因必有果。我相信天啊！會有給你審判的結果。

也很多人叫我找議員陳情，議員再找有力的人幫忙解決，或上媒體爆料之類的我都想過，但不是我要的結果，我只是希望問題能解決，因為最終沒有解決問題，

事情擴大了背鍋的還是基層的員警！我也有跟偵查隊的員警說了這件事，員警說謝謝我的體諒，但我說辛苦了，他們因為人員不足，加上程序上的問題，他們不是說能辦就辦，進度也要等，不是說快就能快，所以現在事情他們已經積極在承辦中！

還有我那時候跟那個電信公司主管說陳情了，小額支付的問題，還有遊戲跟小孩之間的連結，這都是個大問題，最近我收到了三封的公函回覆，我給我大兒子看，我兒子還不想看，我大兒子這段時間也已經釋懷了很多，因為他知道我的努力做了那麼多，而且他的錢目前還可能救得回來，所以他好多了！

我在 FB 有留言給我兒子跟其他人看，內容是我這陣子發生的，還有對我兒子很抱歉給了他這麼大的壓力，我現在也一樣寫出來，機會教育一下很多大人都要注意喔。

親愛的老大，這兩天讓你覺得很自責、傷心、緊張，覺得恐慌。你很好，知道第一時間告訴我。媽媽處理好了，昨天打了好幾通電話，利用了媽咪的資源，就

副本

總統府 書函

地　　址：100006臺北市中正區重慶南路
一段122號

受文者：李盈霆君
發文日期：中華民國112年5月17日
發文字號：華總公三字第11210030200號
速別：速件
密等及解密條件或保密期限：
附件：如文

主旨：檢送李盈霆君5月15日陳情電話記錄表及附件，所陳伊子
　　　等人臉書遭盜用，並以電信小額付款方式詐騙取財，盼
　　　警方及相關單位儘速處理，並建議政府建立防範機制，
　　　請卓處逕復，並副知本府。

正本：行政院秘書長、新竹縣政府
副本：李盈霆君(無附件，　　　　　　　　　　　　　)

總 統 府

正本

檔　號：
保存年限：

內政部　函

機關地址：100009臺北市忠孝東路1段7號(警政署)
聯絡人：偵查員官家瑩
聯絡電話：自動02-27460757；警用725-5233
傳真電話：自動02-27460994
電子信箱：chiaying@cib.npa.gov.tw

受文者：李盈霆君
發文日期：中華民國112年6月2日
發文字號：內授警字第11208785491號
速別：普通件
密等及解密條件或保密期限：
附件：

主旨：臺端向總統府陳詢臉書疑遭盜用及詐財案，復請查照。

說明：

一、依據行政院秘書長112年5月22日院臺法字第1120006770號
函轉臺端向總統府陳情意見辦理。

二、經審視所附陳訴內容，本部業函請新竹縣政府警察局協助
釐清原委並妥處，並請該局將後續辦理情形回復您。

三、感謝對警政工作之支持與愛護，特致謝忱。

正本：李盈霆君
副本：總統府、行政院秘書長

部長　林右昌

第1頁，共1頁

正本

檔　號：
保存年限：

新竹縣政府　書函

地址：30210新竹縣竹北市光明六路10號
承辦人：偵查佐　何怡慧
電話：(03)5513492
傳真：(03)5529980
電子信箱：yhho@hchpb.gov.tw

受文者：李盈霆君

發文日期：中華民國112年5月26日
發文字號：府授警刑字第1128850158號
速別：普通件
密等及解密條件或保密期限：
附件：

主旨：有關臺端於本（112）年5月15日致電總統府陳情表示孩子
　　　同學臉書遭盜用詐騙等情事，復如說明，請查照。

說明：

一、依據總統府112年5月17日華總公三字第11210030200號書函
　　辦理。

二、有關臺端陳情遭詐騙一案，本府警察局已依規定受理並積
　　極偵辦當中，相關偵辦進度均有致電向臺端說明，亦可至
　　內政部警政署全球資訊網查詢。

三、本府已透過各種管道加強宣導相關反詐騙資訊，另提醒您
　　OTP密碼(手機簡訊驗證碼)是透過動態生產，一次性、用
　　過即廢除的一段密碼，目的是驗證使用者身份的真實性，
　　故切勿將OTP密碼隨意告知他人。如擔心青少年遭詐而授
　　權他人，可另行致電電信公司要求關閉小額付費服務，如
　　遇有任何可疑，請立即撥打165反詐騙專線或110報案電話
　　諮詢，或追蹤本府警察局「竹縣警好客」、「竹縣警好
　　刑」等臉書粉絲專頁，以掌握更多更新的防詐知識。

正本：李盈霆君
副本：總統府、本府警察局刑事警察大隊

新竹縣政府

第1頁（共1頁）

是客人給媽咪的資料。也辛苦了昨天在媽咪手下的客人，他們說媽咪很厲害，又能把事情處理好，又能把他們身體處理好，讓他們上了一課。事情除了報警，還要面對還要處理事後的問題，騙你的人他不知道這個問題的嚴重性，所以媽媽很積極的處理了這件事，所以你不用自責，就當作機會教育。網路世界都是虛擬的，你看的、他們說的，都不一定是真的，很多事都要眼見為憑，事情要見到了知道了，還要確認了，以後也不能逃避要選擇面對跟責任。

從去年就發生了很多事，媽咪的身體也受到了很多衝擊，當醫生說我可能會死掉的時候，我只問了有幾個月的時間，沒有想過要繼續醫的可能，只想過要怎麼處理，你們的未來，還有我接下來該怎麼面對我自己的人生。

所以媽咪給了你很多的壓力，提早跟你說話，要你怎麼做，卻忘了你只是個國三的孩子，我以為你不小了，對不起！後來我選擇了醫生的方案繼續吃藥，現在有控制住，還能陪你成長一段路是沒問題的。

不用擔心，所有需要商量的事情，媽咪都會教你，因為媽咪的思維，從以前大家就覺得跟我不一樣，我想的是事情的現在跟後果，還有要怎麼處理才不會繼續發生。有人覺得我這樣很累，但事情發生的時候，就是要處理而不是逃避，這件事就當機會教育，給你和同學一些經驗，大家也都被教育到了，下次就不會再犯同樣的錯誤。你的零用錢我會還你，剩下的媽咪會負責不用擔心！你的弟弟妹妹都留言給你，給你支持鼓勵，希望你不要被受影響振作起來！

車禍跟被偷的事情到現在對方也還沒處理，我本來想合理的處理，但是因為他只想給我 3 萬元，我跟當事者聯絡說這樣的要求我沒辦法接受，對方還叫我直接告他吧！那兩個月的時間，我身體真的很痛，加上我自己的狀況不是很好，但我也撐過去了！

孩子的爸爸，也是家人，謝謝你成全了我。過去我們點點滴滴都是真的，曾經你對我的愛跟包容跟任性，我的家人都說我是皇太后我都不需要動手，你就會幫我準備好，我知道現在你還愛我，還在付出幫忙我店

裡的事，給我了靈魂上的自由，相愛容易相處難真的很難。

很多事都是因為太多的爭吵太多的壓力，讓你我沒辦法好好相處，還有心靈上的包袱，這些都讓我放下了，我謝謝你，這兩天也辛苦你，為了修護兒子的手機，做了很多事！我們之間的關係斷不了，因為孩子，所以我們終究是家人，也就不用給彼此太大的壓力！

我親愛的兩個孩子，你們不用擔心，爸媽的關係一直都很良好，只是媽咪很多事要做調整，也要為大家努力！老大，媽咪對你的要求，你應該知道是什麼，所以你不用給自己壓力太大，知道什麼叫責任跟信心，正面積極，這是媽媽要教你的。

親愛的老二你也是，現在還不懂事，不懂得控制自己，你也會慢慢成長。媽咪對你的要求很高，也辛苦你了，但是你要多加油！

這是我當時真的想遠走高飛時的內心告別，後面幾句卻是我吃藥繼續面對現實的人生無奈啊！

快到了故事的結尾，這個詐騙案就是我要傳達的目的！所謂的很多詐騙案層次不窮，宣導有用，為什麼一直還有，就是要有所謂的機制，每一個事件的發生，就要想解決方式，不要讓一樣的事情的再度發生！

終於寫到故事的結尾，原來寫作真的很辛苦，需要很多靈感，還好我寫的是我自己的故事，只要整理好思緒跟事情的經過，可是這中間心真的有點累，很多事要回想起過程。然後要寫出好的作品，要先在自己的腦袋整理過一遍，再表達出來我想給大家知道的故事跟目的！

我前面分享了很多的故事，但我主要的目的是要說詐騙案，希望得到所有大眾的重視，還有政府能不能有更好的機制，不要讓很多人繼續受騙，詐騙案從騙老人、騙大人，現在有被詐騙的小孩就表示這真的很好騙！

天啊！別逗了 Dear Heavens, Don't Toy with me.

170

他們利用了人性的手法，就是在網路上盜用了其他人的照片，小孩子很單純，以為是朋友，就是因為信任，而且遊戲對小孩子來說是很重要的，所以他們都很容易去相信對方、幫忙對方，所以我陳情做那麼多事，就不想其他的小孩再受傷。

因為我兒子是個良善的人，他讓別人被詐騙了，他自己也很自責，有一些機制我想過請政府，其實電信業者也能配合，在小額支付方面要多個限定額度，還有要經過本人的認證才能繼續消費，自然詐騙就沒辦法從這邊著手，因為限制額度他們騙不了多少錢。其實有很多的機制都是可以簡化的，認真思考，我相信政府有這個能力、才能，只是大家忽略了很多事，要阻止下一個事情發生就是見招拆招吧。

還有現在的年輕人們，為什麼也容易被騙就是因為貪心，有這麼容易、這麼簡單的事，哪有可能獲利那麼高，天下沒有白吃的午餐！如果這麼好獲利，又怎麼會分享給別人呢？還是腳踏實地認真，努力自己賺得錢的你，才會懂得知足，更辛苦用的會更覺得珍貴，在花錢的方面才會懂得理財規劃！

還有身為大人的家長們，請多關心家裡的長輩，為什麼長輩容易被騙？因為他們沒有安全感，缺乏兒女的關心，也不了解現在的時事，所以家長們就要做宣導跟告知，還有要告訴父母什麼事情都要先確認。還有沒有那麼容易獲利的事情，很多投資也是要經過確認，有那麼多的利息、有很多陷阱，長輩們也要跟家人商量。

不要讓老人家容易成為被騙的人之一，很多長輩老人就是因為被忽略，突然以為孩子有需要、被重視，所以就中了圈套，這一些其實家人們也要負一些責任，請多關心家裡的老人，出門前了解時事，告知很多事情，就打通電話確認一下，就這麼簡單，確認跟聽到孩子的聲音沒有很難！

親愛的女人們當男人以愛為名需要金錢上的贊助跟支出，要妳付出金錢跟說什麼共同投資能很快獲利多少，別傻了，這一定是個陷阱，當一個男人都沒能力為自己的事業負責還需要女人的錢，妳覺得未來男人能護你一生嗎？每個女人都有少女心，但以愛為名要

錢的都是假象的，親愛的女人愛自己最重要，真愛是
互相尊重珍惜的，總有一天緣份就在你身邊……

話說回來了，在我面臨了這麼多事情的發生，還有身
體的衝擊選擇，要能輕鬆的離開人世間，或留下面對
身體的過程，其實做人真的很辛苦，每天要面對很多
事光是早起忙碌真的很累！

但我又選擇積極面對我身體的問題，未來或許我的身
體會繼續受到衝擊，因為這個病，還有我自律神經本
身有問題，所以我要好好的調整，我接下來要面對的
人生！

除了小孩，很多事我必須堅強，還有我很多寶貝客
人，我與客人們一開始都沒說我生病的事，後來當他
們了解我曾經想遠走高飛的時候，他們說他們不能沒
有我，他們已經對我十分的依賴，我能安慰他們的心
靈跟身體，因為他們也很累，需要有個地方能紓解壓
力，跟我聊天給他們轉換思想的空間，我給予他們的
支持與鼓勵讓人能放鬆。我們之間的連結很深，每個

客人不是五年就是十年之久，所以我要更加努力的養好我身體！

很多事、很多人的糾結在某個想法裡面，而我經歷了很多，我知道很多事情你想再多也沒有用。你必須放下，有些人你永遠改變不了也別想改變，只有放下改變你自己或對其他的成見，轉換成你能接受他的想法，如果是工作不能離開只能接受，那就轉換想法，能離開那就換吧！

此地不留爺自有留爺處，留得青山在不怕沒柴燒，有
能力的人有自我思想，只要不要給自己太大的包袱，
所有事情都能解決！還有錢能解決的事情，大家都知
道不是問題！

我現在跟我兩個兒子的相處，我也是用錢讓他們推磨
哈哈哈！對我態度不好工作不認真重做，要出去玩店
裡整棟打掃我自然就贊助你多餘的錢，現在他們長大
了知道錢的重要性，他們最近因為我也在改變，所以
我跟兒子的相處好多了，他們的態度與說話方式也在
調整，就只有老二在學校課業上的問題真的是讓我無
言以對，但逼他也沒有用，最近暑假他承諾我他會重
新開始認真學習，對我這個媽媽他有意識到我對他的
用心。

第 **12** 章
怎麼這麼好騙呢

其實在前面，我只是描述了部分內容跟我急於分享詐騙的故事，希望受到社會大眾跟政府的重視，和對詐騙事件應該要有更多的防禦和處理機制，也提醒人要認知沒有這麼容易獲利的事情。最近連政府官員以及大眾股票市場也有人受騙，可見這世界詐騙的人有多少？企劃案寫的那麼好，騙到的錢是這麼容易取得，難怪每天都在發生，譬如我所陳情的案件「小朋友」被詐騙就沒能受到重視，真的很無奈！

最近因為兒子的事才知道，原來很多人都被詐騙過，現在已經七月了，就有我服務的客人說到有他朋友的小孩（已經是高中生了），遇到類似我大兒子一樣的手法被騙，如之前我說過跟遊戲端備案凍解我兒子的三萬元游戲點數，到現在還沒處理，我聯絡過遊戲公司說還沒走司法程序，所以還沒有介入處理，真的不懂他們的程序，有那麼難嗎？

我的想法很單純，只是覺得要趕快進行所有的報案，或凍結不正常交易，在線上處理抓到遊戲端人的帳號和點數，阻止轉帳出去變成詐騙的錢，至少讓對方知道會被抓到，不會再詐騙其他人並能抓到是最好！

我要強調的是，為什麼還沒有一個「有效」及「合法」的管道可以處理詐騙行為，將犯罪的人很快繩之於法，歸還不法所得給原所有人。

我客人張少，因為投資股票配合股票達人的操作，股票達人教他們怎麼在銀行開戶、怎麼買賣、怎麼獲利，結果被詐騙了 80 萬，張少說是去年的事，到現在只抓到車手，查獲詐騙了不少人，一共 3000 多萬，到現在也還沒被處理或抓到幕後的人，像我兒子只支付了 3 萬有什麼好呱呱叫的，是啊，才 3 萬，但對小朋友而言就是天大的數字啊？有很多小朋友到現在還在被騙，難道心靈沒有受傷嗎？而且 3 萬也是很多人一個月的薪水辛苦錢耶！我回張少說。

我問張少你錢哪裡來的，張少說貸款來投資的，那你更傻，有多餘的錢才能做理財的事，你想多賺這種股票錢，哪有可能這麼快，短線就能賺很多錢，張少說他還觀察了兩個月，沒想到他們這麼會布局！其實張少算是很小心的人，我認識張少 10 幾年來看，張少來來去去的工作及婚姻不算美滿，小孩幾乎都是張少在負擔的。

可是我一直覺得張少工作運很差，好不容易這一家比較穩定，可能可以讓他做到老，結果還被騙，張少自己應該很心疼，就是年紀不小了，想要多賺點還被騙，我覺得好氣又好笑，但是又不敢罵他，哈哈！

因為他說我 3 萬就哇哇叫還不是被詐騙。他也說了很多抱怨，就像為什麼司法程序都要這麼久，他說這種從股票詐騙到的錢都會流到海外，根本抓不到人。為什麼這種資金就這麼可以轉出去，有這麼容易？

我也跟張少說，我 1 萬 9 千元被偷當天都已經知道是誰，還要走程序？花時間傳喚很多人，還要等執法單位備案，變成通緝，兩三個月也就過去了，是正常人早就到案說明還錢了，如果沒能去應訊，就一定是有問題的人，在這受理過程中，難道他不會再去犯其他的案件嗎？這不是給了人性漏洞，或者為了這麼一點事就跑路了，值得嗎！

我認識一位客人的哥哥，因為吸毒被通緝跑路了，在這之前也是以寄件方式給他，等時間到了就該到案，

為什麼不是一抓到吸毒就關起來了呢，是我想法太單純了嗎？是我們世界太文明了嗎？可是又給了他們逃跑的機會，讓他繼續吸毒，這中間的程序我覺得有很大的漏洞、也很難理解！

我記得以前的警察，沒有像現在要走那麼多的程序，如果知道是誰犯罪，就馬上抓到歸案處理，沒有這麼多管道可以脫罪逃跑，現在真的不知道該怎麼說。現在的人民保母，我知道很辛苦，但是我去了那麼多次警察局，跟以前真的差很多，我 20 出頭歲的時候，跟我的朋友為了他的妹妹進出警察局，陪著他，以前警察的人情味跟現在真的差很多。

其實我以前看事情很漠然也很冷淡，也不管什麼新聞時事，社會怎麼變，我們也沒有辦法去改變！我只在乎為我的家人而努力，為了我兒子這次的詐騙案，到現在也還沒有個答案，還有很多人的相關詐騙，因為聽了太多客人的 OS，讓我受到很大影響，覺得真的太誇張了。

所以出書的念頭是想讓大家關注我訴說的故事，有很多人生的不得已，有很多人生的無奈，這都是真人真事，還有許多詐騙的機制，更希望政府能重視，我知道政府也盡力的不停的宣導，但是有什麼辦法能再更好呢！還有等待司法的時間，這一點真的有問題，讓本來就有案底的人，更容易犯案或容易逃跑，真的是我們的牢房不夠嗎？如果說是尊重犯罪的人。那他在外面犯案受其害的人，這些人何其無辜呢？

再說面對我大兒子被詐騙的問題，我選擇陪他一起度過，跟他說怎麼處理，只是現在還沒有完全結束，告訴他說，在第一時間做得很好，馬上告訴媽媽還有爸爸怎麼幫你補救手機，剛開始的一個禮拜，他很難度過，在前面有特別說過，大兒子說他連睡覺都會被驚醒手都會抖，現在兩個月過去了，他聽說被凍解的遊戲還沒處理，連大兒子都覺得奇怪，警察程序有這麼複雜嗎？我說我有打電話去想問，但辦案的警員不在，我留了電話，但警察太多業務沒有馬上回我，只能耐心的等，時間上的問題吧！好無奈呀！

現在有太多的詐騙案件，每個都在比金額多的，沒想
到台灣人這麼有錢，詐騙之人這麼多，到底哪裡來
的？這麼好騙？他們那一些空頭帳號怎麼來的，資金
這麼容易就可以往外流。銀行有這麼方便嗎？我們要
領個 10 幾 20 萬，就要被問資金要到哪裡去？什麼用
途？我覺得這樣問很好，但是為什麼像詐騙所得的錢
就可以這麼容易出入？

這些詐騙之人，真的很厲害，腦袋不知道怎麼想的，
這麼會謀略布局，企劃案寫得這麼好，也花了很多
時間在經營詐騙了，被騙的有很多都是聰明的人，
這一些都是辛苦錢，還有一些都是領退休金的老人
家的錢，都是因為相信高獲利，每個月光是領利息
就可以過日子，真有這麼容易，老實說像我就不相
信，不是說我說事後話，像這種長久以來，其實政
府都一直在宣導，很多手法都是陷阱，那麼高的獲
利自己賺就好了，還分給別人根本有問題，主要都
是聽說錢可以滾錢，用別人的錢去滾錢，最後連本
錢真的都滾跑了。

被騙的人都一定很難過心疼，又沒辦法追回來，唉！有些人還是把一生的積蓄都砸下去，想著能獲利過著好日子，沒想到是騙局！這世界真的出了問題，還有年輕人被騙到國外，這件事怎麼想都有問題，為什麼沒有好好思考，這件事就讓我覺得可怕！！！

現在還有愛情詐騙，男生女生都有，太誇張，現在的社會複雜成這樣讓人難以想像，我客人的兒子，還沒賺錢，高中就交女朋友，這女朋友要求男生買東西，送過一次兩次，當然就有三四次，男孩子多花的錢，當然是向家裡人要，這樣是不對的，不久男孩子也嚇到很快提分手，後來才發現女孩子不只跟他一個交往，這真的讓人傻眼，都還沒滿 18 歲！價值觀的偏差會影響孩子的未來！

所以我之前都一直禁止我兒子不能早戀，要慢慢來，而且不管男女生交往都是互相的，還要看自己的能力，不能一味的讓對方付出，這樣的感情怎麼會長久，未來選擇婚姻上，以後當然也會有問題，所以現在很多離了婚的多的是了，然後有了小孩子，受傷

的都是小朋友，心靈上都會有問題，問題兒童也很
多唉！

現在孩子早熟的程度，身為家長都要好好的了解，怎
麼相處，怎麼讓他們知道是與非，要多花一些時間關
懷自己的小孩，很多都出現在這種問題上，缺乏愛跟
陪伴或太寵了都有問題！現在的年代，思想開放對孩
子真的是件好事嗎？

詐騙之人就是因為了解人的貪心，利用一些話術給點
甜頭，先讓你獲利再請你加碼投資，用把錢放在銀行
不如拿出來賺利息，這種想法好像真的很容易騙到
人，詐騙的人我想本身就沒有良知這件事，不覺得別
人賺得錢很辛苦，所以覺得很好騙，一下子可以賺這
麼多錢，這些錢用的很開心嗎？

一直以來我相信老天是公平的，人只要努力多少就會
有多少機會，投機取巧之人或傷天害理之人，我相信
在這一輩子就會有因果報應，每個人都說做壞事的人
自有天收！

其實很多人根本不缺錢，只要知足常樂，有很多退休金，還有政府的勞保制度，日子是很好過的，很多股票還有合法的投資基金等，這一些真的想要賺錢，下點功夫、花點時間了解，其實也是可以賺得到錢，慢慢來，真的天馬行空的東西、高獲利的東西怎麼可能這麼容易！真的請每個人不要這麼傻，錢很難賺，好不容易累積了收穫，能好好養老。不要想得太複雜，不要貪心，日子都是好過的！

我有一個客人的朋友曾經詐騙當車手，很簡單的獲利，錢來得快去得也快，騙到的錢根本就不會珍惜，常常要藏來藏去躲來躲去，一下子也沒錢了，再出來犯案被抓到了，也是要被抓去關的，但司法的程序還是要等待時間，真讓人覺得是牢房不夠嗎？這些時間就可以讓他們選擇逃跑，還是等待司法的處理。

這個問題我覺得很嚴重，再犯案的機率很高，未來還會衍生更多不單純的問題，現在是科技時代，反而多了很多程序在等待，而且不是二、三個月的，甚至超過一年、兩年的，這什麼道理，人員不夠嗎？

法官的案子這麼多，等的人心有多焦慮，官司的膠著，心情都大受影響。就我自己的車禍案來說，從三月提告到現在已經快半年，但仍然毫無進展。還好我的傷勢不算嚴重，手還能做事，但等待理賠期間，生活陷入困境。聽說對方願意和解我的理賠金，但保險公司不肯，讓他也憔悴不堪。事實上，發生這樣的事情，大家都不願意，但「等待」卻令人陷入無形的壓力，至今我仍然恐慌不安，睡眠品質不佳，騎車心有餘悸，下雨或晚上出門時必須坐計程車……無奈。還有被偷的錢也是，程序上的事也沒下文，我請教出過書的老師，再看過我所知道的書籍，用我自己的想法先介紹我自己，自傳的故事，讓大家認識我的部分，經歷的過程，其實我自己自律神經失調，容易焦慮恐慌，這次出書讓大家認識我，為了詐騙的事情，我陳情了很多地方，有三張陳情書，其實我為人做事低調，別人對我好，我一定同樣對別人好，我不犯人，我也沒辦法讓別人欺負，更何況是我的家人，因為我覺得別人做錯事，一定要讓他知道他錯在哪裡，不應該縱容，而我們也不應該委屈成全或原諒，要看事情的角度跟是與

非！不然會衍生成助長別人的士氣，做錯的事不希望再犯錯、這是我的想法！這次希望我的發聲能有作用！

因為我的客人覺得我很有梗，客人說我很厲害，敢這麼做，在這個年代，我的人生又很有戲，連我自己也覺得蠻好笑又無奈！我的兒子也很有趣，所以為什麼我幫這本書取名叫《天啊，別逗了！》我不是感概老天的意思，而是人生就是不斷地磨練才能成長！取這個名字我覺得很可愛，有像我的人生，別逗了！

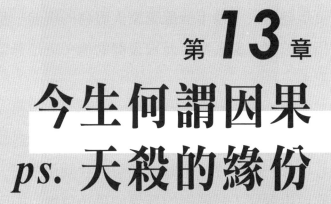

第 **13** 章
今生何謂因果
ps. 天殺的緣份

從去年開始，我經歷了許多事情，為了看醫生和進行復健，我自己克服了許多心理障礙。一開始，面對許多病患，我感到害怕，但漸漸地，我發現大家都面臨著相同的挑戰，於是我的恐懼漸漸減少。雖然在醫院接受復健只是小事，但當我看到重症患者在痛苦中呻吟時，我真的感到無奈又心疼。

還有更年輕的人，像半清醒讓家人服務的復健，那個心疼指數破表，家人辛苦而被復健的他，更是無奈又無助吧！

每每看到眼眶都會紅，感覺視線不知道要放到哪裡好，心口都一陣寒冷，這時候就想到我兩個孩子，感覺真的健康就好！當媽媽的感覺如果角色換位的話，我可能沒有那一個家長那麼的堅強辛苦，而被復健的他，更是無奈又無助，這條路很漫長，能感覺到他眼神的空洞，天啊，這有點太抹煞人心了。

我的腳也復健了將近四五個月，但還沒完全康復，時常會感到麻痺和無力。每次走起樓梯，要爬到我住的

5 樓都有點累，特別是當我忘記東西需要再爬一次樓梯時，就會咒罵自己腦袋不清楚，而且現在也無法輕易地蹲下來，就是因為傷到筋骨的關係，但回想起這些問題，跟那些人比較起來，我覺得自己還是相當幸福，至少我還能夠走路！

7 月 18 號清晨，我起床要上廁所時，卻因為無力站起，整個跪趴在地上！真的很痛苦，我坐了 3 分鐘才慢慢地爬起來去上廁所，膝蓋非常痛。但是感到非常疲憊，所以趕快倒頭就睡了。早上起床後，我檢查了一下情況，剛好九點有預約按摩治療，請芳療師（她也是我一起學習的好朋友），幫我加強了腰部的按摩，還有刺激一下我受傷的腿的穴道部分，但先不碰我受傷的地方。在整個過程中我不斷唉唉叫，芳療師沒有用太大的力道，是因為我的身體狀況疼痛指數非常低，昨天的摔倒確實造成了一些傷害。

11 點按摩完後，我仍然趕著去做復健，因為拉腰和電療仍然有一些差距，我兩邊治療都做，希望能夠快點好起來。在電療時，電療的位置正好是我今天摔倒受傷的地方，我的腳、我的腰像是換了位置，真是太

痛苦了，非常要命的感覺。等於之前做的電療白費了，又要重新開始，天啊！難道是要讓我更加關心我的身體嗎？

從醫院回去的路上，過馬路的時候差點被車撞到，還好對方反應很快，直接往旁邊的一線道斜開過去，我想他跟我一樣，都嚇得驚魂未定。但最後我們都沒有停下來，繼續往各自的目的地前進。現在想想當時真是太幸運了，如果不是對方的反應及時，那時候的我可能直接被撞飛出去，也許我現在已經不在了。回到店裡後，我裝水的時候還不小心撞到了東西，頭痛得厲害。雖然只是被撞到一下，但還好沒有大礙，只是有些微痛。再加上今天摔倒的經歷，真是讓我無語！想到前面差一點發生車禍的事，應該是提醒我要消災解厄！我把 7 月 18 號特別記起來，過兩天有空記得去拜拜。

至於我怎麼跟我二個兒子相處，其實生兒子等於你未來的人生還是自己一個人，真的！男生真的是單細胞，不會多想，相信都有兒子的都知道。以前的女人結了婚是潑出去的水，現在的女人是很珍貴的水，隨

時帶著礦泉水回去看你幫你止渴。而現在男人會回來主動地回來看你，主動打電話給你就賺到了。說實在暖心的不多，但還是有的。

我對兒子要耐心地一步一步地教導他們細心，簡單整理東西時也不能給予過多指示。完成一項任務後再教導下一項，並且鼓勵他們在做事時不要草率隨性。這些都需要逐漸修正和培養。他們在玩遊戲時能夠迅速學會舉一反三，但在做事時需要一步一步地細心完成每件事情。我花了很長時間來教導，他們才漸漸習慣了我店裡的模式！

我希望能讓小孩從小就特別懂事，並且學習理財的觀念，所以我提早開始教導他們。我相信未來的人生是由他們自己走出來的，因此他們需要有自己的資源，就要自己努力。這些是我想要灌輸給他們的觀念，讓他們從小就知道努力是很重要的，這叫做「因為提前做的努力，未來才有果實」。

因為他們一出生沒有富爸爸也沒有富媽媽，就算有那也不是他們的資源，我在店裡分享給客人的理念就

是千萬不要把小孩當米蟲養，因為我見過太多客人因過度寵愛而讓孩子變得過於任性和嬌慣，覺得非常無奈！

我身邊有許多感人的故事，也透過了解數字吸引法則來幫助一些心情低落和低潮的客人。這些客人中有些患有憂鬱症，有些和我一樣面臨焦慮和恐慌，我想說，其實在這行業我也能當一個很好的心靈芳療師。因為我本身是個富有故事性、善於感同身受的人，經歷了不少事情，也因此能更了解客人的內心。我也是一個很能幫客人釋放心情壓力的一個人，很多人都帶有童年的陰影，還有時光背景的不同，工作上的情緒，志不能伸的壓力，所謂一樣米養百種人，看過前面文章的人都能知道我一路走來的不容易，我從未沮喪或迷失自我，一直都堅定地知道，只有不斷努力，才能找到未來的方向。

希望現今的年輕人和社會，都能擁有更積極努力的態度，不要浪費上天賜予你的天賦。因為生而具備才華，必定有其用武之地。既然生活在這充滿機遇的時代，為什麼不好好把握，充分發揮所長，多做些積

極的事情呢？只要你願意邁出這一步，你的人生將會有所不同。別把生命當成廢物般虛度，偶爾宅在家休息放鬆也是正常的，但不要讓懶惰和慵懶主宰你的生活。這樣只會浪費掉一生，生而未盡其用實在太可惜了！

一個人出生後的成長與原生家庭的關係密切，家長應該避免過度寵愛自己的孩子，也不要抱怨自己的辛苦不想再讓孩子經歷。雖然給予孩子甜頭，但若一味放縱，他未來可能難以承受艱苦。導致他容易埋怨別人，變得自私自利，且抗壓性降低，一遇挫折就會影響心情和未來發展。

何謂富不過三代就是因為溺愛而培養出奢華奢侈的生活方式，並且這種奢侈的價值觀會延續到下一代的教育中。雖然家庭擁有大量財富，但如果沒有持續的努力和節制，錢財最終會耗盡。然而，有些家庭能夠代代相傳更富裕更強大，因為父母知道培養子女必須經歷吃苦和磨練，才能成為真正的成功者。因此，在教育子女時需要有適當的差別對待，這並不是不愛孩子，而是要深愛並且負責任地教育他們。

大家都看過描述百年之前的歷史或者是古代時候的連續劇，那時的英雄被塑造為時勢造就的人物，他們都是通過自己的奮鬥和努力，不斷向上發展而成的。古代的英雄非常珍惜並把握自己所有的奮鬥時光，因為他們知道生命短暫，很多人甚至在不到 30 歲的年齡就登上了天堂。這樣的環境讓他們更加珍惜每一刻，並決心磨練自己，不斷追求進步。很多年輕人甚至未滿 18 歲就赴戰場並犧牲了自己的生命。這些人為了家國和民族的利益，英勇奮戰，用自己的生命捍衛著家園。而那些留在家裡打拼的人，同樣也非常珍惜自己的機遇和奮鬥之路。

過去為了追求財富、光宗耀祖和功名，有意向讀書的人都必須付出許多努力。在古代，醫療水平不發達，飲食也不像現在那樣豐富和健康，這使得人們難以活得像現代人一樣長壽。在唐宋明等朝代，每個人都非常珍惜自己的生命，並為了追求功名而不懈努力。戰場上不幸喪生的人數相當可觀。為了實現自己的抱負，他們願意冒著生命危險，奮鬥不息。

若干年後，可能會經歷轉世，到現在有的有了福報，有的仍然在不斷地接受磨練。這就是佛教講的因果，或者是做了壞事也有冤親債主。前世接下來的因果、有不好的，也有很好的；有做很多善事的，也有做英雄的。我們可能曾扮演過多樣的角色，包括英雄、平民老百姓、富有的商人或功臣大將等。這些多樣的生命體驗和行為，塑造了我們今生今世所遭遇的福報和命運。

這些我都相信，從以前我真的不相信，因為我一直覺得今生今世我就是在這一生沒有做錯事，為什麼要承擔上一輩子的事。我自認為從小就很乖巧，看到老人家我都會幫忙，看到別人跌倒我都會扶一把，我已經盡量聽話，但是我就是沒有父母緣，我為人也很良善，在學生時期半工半讀的時候幫助很多阿姨，只要有空的時間就會多幫忙他們減輕他們工作的負擔，所以我很受長輩的疼愛，才會遇到一個長輩教我理財並帶我去儲錢，對我非常疼愛，教我如何保護自己，這也算是因果循環才有機會遇到貴人。一個念頭、一個想法就能輕易改變一個人的一生！

為什麼前面說解釋福報跟因果關係，因為我覺得很多都是因為前面所做的努力這叫因為有因子的努力，所以得到的果實，我不是要說前世因果的問題，就談今生今世的因果故事！還有什麼叫做緣分！人的一生有多少的緣分來來去去，所謂種瓜得瓜種豆得豆，這都是自己努力的作為！

還有人從小到大讀書跟學生時期，每一段的同學每一段工作，每一些朋友，我也覺得都是緣分，每一個階段每一個朋友，都不一樣，學生時期大家也是曾經一起度過的時光，感覺時間真的過得好快。

但進入社會的磨練緣分就真的不一樣，我有客人跟我分享，說是丞相好了離開了那個工作崗位，原本你是一個很好的丞相管了很多人，也幫助了不少人給了很多資源也給了不少人更好的官職，每個人對丞相極為尊重，百般討好，因為某些事提早離開了，但是人走茶涼，人在人情在，不在其位人緣就變得淡泊了，丞相曾經提拔的大將對丞相態度你覺得過於冷淡。

但我告訴你這就是人的緣分，緣深緣淺，可是也有其他好的，還是有關心丞相你的，我跟丞相說，或許過

去風光不再，但是那是丞相曾經努力的每一個階段的緣分都不一樣，丞相做了不少好事，現在丞相日子過得不錯，這是老天看到的也是丞相前面做的才得到現在的果實。

我相信每個人會遇到另外一個人都是因為緣分，情人眼裡出西施也是他們的緣分，就拿我自己來說好了，曾經我覺得我的孩子的爸會疼我一輩子，因為他當情人的時候真的很好，說真的那時候的我真的在努力賺錢，做兩份工作的我，孩子的爸可以為我送早餐為我送宵夜在我很累的時候幫我捏腳按摩！

那時候他對我真的很上心頭，但真的結婚了以後相愛容易相處難很多事都變了也為了小孩爭吵或者是錢的問題等，或是沒有包袱的我早就離開，但是因為孩子，我不想做一個不負責任的媽媽，跟兩個孩子的緣分我也覺得這算是緣分，但是這是剪不掉的緣，為了還不要讓他們的受傷，我等他們長大一點才結束了我跟孩子的爸的緣，這中間的心瀝歷程真的有點累，我都跟客人說這真是天殺的緣分什麼是天殺的緣分，可以說是孽緣剪不掉理還亂的緣。

我也有一個很棒的幫我規劃我的保險的人故事，我認識他們夫妻也快 10 年了吧，在他們還沒成為夫妻的時候幫我服務的是老婆稱之為勇者，孤勇者這首歌陳奕迅唱的我喜歡他也喜歡，所以我稱為她為勇者，而我是站在高處不勝寒的孤勇者哈！

在剛認識他們之前我跟姐姐，是幫他們服務按摩的中間我們很談得來，我也特別跟他們聊了生命靈數，了解了他們倆夫妻的個性，我跟老公說你這老婆，很有幫夫運天生 EQ 很高，雖然有點嬌氣，但那是女人一定要的女人，沒有點嬌氣沒有男人怎麼會喜歡，但男人的個性比較固執行為模式想得比較遠行動上會不急不慌，當然讓急性子的人容易吵架，現在他們結了婚生了兩個小孩子，勇者真的是個很好的媽媽沒話說她也很棒很注重自己的身材，在自我運動要求上我覺得勇者已經達到無我的境界。

勇者很棒，他的老公也挺能幹的，可是有時候都口不對心容易吵架，勇者有時候還是會來給我按摩當然我們會互相抱怨，而且我們覺得很多事，真的命中注定才會老公跟小孩有這個緣分，天殺的緣分，她老公曾

經說過一句話如果沒有他，勇者會過得很慘不會幸福，但我跟勇者說你不管跟誰在一起，你未來都是你都是有幫夫運幸福幸福都在一念之間，有時候就互相放下轉念，感情這種東西沒來由的，說散就散，愛情更是說變就變這是現在的時事！勇者是很棒的人，就算未來勇者沒有事情會難倒你。

這些年來有很多的女明星男明星，也算開花結果但是也很多離了婚，他們已經美到不要不要的，在我們看來條件都已經是天上人間掉下來的天使，但也是沒有了緣分而分開，像我最喜歡知否知否應是綠肥紅瘦一個連續劇的男女主角，趙麗穎很努力，我看了趙麗穎很多戲，我都覺得她演得很好！馮紹峰也是演的棒感覺很帥個性又很溫柔，兩個我都好喜歡，女的美，男的帥，看到他們結婚真的很祝福。

可惜沒想到他們也分開了！幸福真有這麼難嗎？就連這麼美的女人跟這麼帥的男人組合，都沒辦法幸福。有多少人夢想著他們，祝福著他們，但還是沒辦法，覺得他們這樣分開好可惜，小孩好漂亮，也很無辜，這樣完美的男女都很難得到幸福了。

其實都是因為相處真的很難，互相有太多的想法，要像過去的女人這麼包容，在現在的年代不太可能，任何人都不想委屈自己，實話說，現在的日子太好了，每個人都很自傲，相愛要比誰相愛？原諒的那一方，永遠都是原諒的那一方。所以要達到平衡，最好現在的人都要互相思考，不然每個人的緣分都會很短，緣盡緣滅，誰都不想委屈，這是真的。

天啊！別逗了　Dear Heavens, Don't Toy with me.

202

第 **14** 章

耀眼的流星光芒

隨著年紀增長，身邊也有許多人因為生病而離開，或者突然不見了。事實上，生命真的很脆弱，我們的身體非常珍貴、嬌嫩。我自己也覺得看著有些人連喝水的能力都沒有，需要他人照顧，這感覺真的很難受。我曾經有機會到長輩家提供服務，看著他們身體的衰弱，受傷跌倒，我倍感心疼，深能體會他們的感受。他們常說如果能夠在睡夢中離開該有多好。我深知這種感受。

我也有一位客人，叫做張媽媽。從她的外表可以看出她年輕時很漂亮。雖然現在已經年邁，但她保養得很好，穿著衣服看起來依然光鮮亮麗。然而，當我為她按摩時，看到她身上的傷口就像賓士車的形狀一樣大大的，還有肚子上的傷痕，真的讓人感到心疼。聽她說，她經常感到不舒服，有時候心口還會疼，孩子們常常叫她出去散步，但她走不了幾步就覺得好累。

聽她述說這些過程，真的讓人感到心疼，我也能深刻體會。當我自己生病的時候，也曾感到很害怕。我理解她說的如果有機會，她想放棄急救，但孩子們卻不願意放手。我勸她可以行使自己的人權，自己簽名告

訴醫生，也好好地告訴孩子，她真的很累，這樣活著
沒有比較快樂。

這幾年有很多很棒的耀眼的星星墜落，真的讓人很感
概，每一個都是這麼棒明明都這麼善良，這麼努力
為什麼天啊！要這麼快讓他們變天使呢？小鬼黃鴻
升這麼年輕看起來這麼有活力很難想像一夜之間他就
不見了，劉真像花蝴蝶一樣這麼漂亮，生命也卻這麼
短暫。

張雨生這麼棒這麼有才華洋？為什麼一個車禍就帶走
他呢？黃家駒、張國榮、梅艷芳這些這麼棒的歌手這
麼有才華能量的人，還有企業家我最欣賞的嚴凱泰這
麼帥氣，這麼有能力管理這麼多人，還願意幫助更多
的人為什麼，還不願意讓他留下來呢？

還有很多都是因為生病最美的女神李玟她的歌聲他的
精神他的能量，可是天啊！就不能讓這些人慢點走
嗎？就一定要好人不長命，禍害之人就可以這麼長
命，是因為要讓他們活得辛苦懲罰嗎？如果是的話希
望老天好好的審判！

還有久病厭世真的很痛苦我能理解，在我自律神經發病之前有一次我生了一個沒來由的病，掛了兩次急診都說白血球過高，但是我沒辦法站起來站著就會頭暈，我只能躺著就連吃飯也是，起來上廁所也是爬著去上。

幸好那時住的是小房子樓中樓的大套房，否則連下樓拿杯水喝都會變成一個巨大的挑戰。說真的，那一次的經歷讓我深深地恐懼，我真的很想深沈地沉睡，不再醒來，醒了也不能站起來，只能躺著，什麼都不能做，真的是一種非常可怕的感覺。

直到躺了第十天，我突然一覺醒來，暈眩感竟然奇蹟般地消失了，不知道怎麼痊癒的。這時候，我的人生觀也產生了巨大的轉變！因此，後來我在與客人交談時，談到人生觀和面對癌症的態度，不再害怕，要求自己努力，把握人生，快樂地珍惜當下，能動就要勇於走出去享受生活，開心快樂、知足常樂，才能持久地活下去。

在寫這本書的的過程中，我一直給自己很大的壓力，
希望能把許多故事分享給大家，包括詐騙的問題。當
時有一個朋友常帶我去看海，聽著大海的聲音，搭配
張雨生的歌《大海》，我的眼眶慢慢濕潤，淚水靜靜
滑落，靜靜的回憶很多事情、很多靈感。聽著海的聲
音，並非讓我想大哭，而是讓我感覺想隨著淚水將悲
傷的情緒一一流掉。我知道《大海》這首歌是張雨
生寫給他妹妹的感懷之作。聽著歌詞，我深有同感，
也感懷著張雨生，這位耀眼的明星一定在天堂繼續
閃耀！

我很喜歡聽已經到達天堂的歌手們的歌曲，每次聆聽
都讓我感懷萬分。我的朋友總是問我為什麼要聽這麼
令人感傷的歌曲，因為那些歌手都已離世。但我覺
得，聽他們的音樂，或是去唱歌看著 MV 中的他們，
是對他們曾經存在的懷念。他們陪伴過我們的時光，
那些歌曲都充滿動力和能量。就像我經常聽張學友的
《藍雨》，我一直懷念著我的哥哥，他曾經陪伴過我。
我覺得偶爾情緒的抒發是必要的，無論是好或不好，
都能提醒我要朝著努力的方向前進。有些歌曲帶我回

到過去，回憶那時我們所犯的錯誤，我希望不再犯同樣的錯誤，這也成為我前進的動力。

聽著《藍雨》這首歌，讓我回想起我與哥哥一起度過的點點滴滴，以及許多童年的故事湧上心頭，我與哥哥有著很多的連結。還有《口是心非》這首歌，我也曾對著大海喊話，問著為何這世界要如此無情，將我所愛的人從我身旁奪走。在寫書的時候，我需要很多靈感，有些回憶、有些人是難以忘懷的。我選擇將這些深深埋藏，告訴自己要不斷地向前走，我必須更努力，改變家裡原本的困境。

我相信宗教，我曾幫哥哥算八字，發現他 29 歲有一個劫數，這也許是他躲不掉的因果。因為哥哥輕生離開，媽媽為了他做了很多事，希望他不要受苦，不要在輪迴中反覆。但我並不認同這樣的看法，我覺得人死後就是一個塵埃，他們的選擇是因為心中的傷痛到了一個無法自拔的地步，所以選擇離開人世。我相信上天會給他們機會當一個天使，不必再經歷輪迴或是錯誤的人生，因為人生並非一帆風順，也沒那麼好走！

我知道要加倍努力，人一出生命好命壞是沒有選擇的，但自古言三分天注定七分靠打拼，所以我一直很努力幫家裡還債、負擔所有支出。我靠我的努力將時間換成金錢，每天只睡不到七個小時，在年少還有體力的時候，我不懈努力賺錢存錢，因此我花了加倍的時間做兩份工作。

很多人跟我說，那時候我賺的錢在 20 年前早就可以買 2 棟房子，但我拿來幫忙家裡還債、負擔家計、養父母，一個月的支出說實在有到 4 萬元，我一個月省吃儉用存下 2 萬元，後來才有錢買了小房子

我以前一直是個單身主義者，所以在感情上沒有太在意，直到遇到孩子的爸……無言哈哈！他可以當個很好的情人！生了兩個孩子這十幾年來真的夠我受了！人生再苦，只要肯努力，但情緒和壓力真的會讓心受傷，我的父母，我的根源也是最大的壓力來源！但我面對很多責任，選擇去改變，選擇更加努力！

我非常欣賞麥克傑克森，他真的很棒。他的童年也很辛苦，聽說並不快樂。他經歷了很多努力，並取得了

許多成就。他的歌唱得很棒，舞跳得帥氣！當他被毀謗時，我不願相信，一個如此努力的人，在他耀眼的青春中，根本不需要做那些事情。尤其是他還幫助了那麼多的人。

由於輿論的壓力和社會上的冷暴力，他承受著巨大的壓力，需要用麻醉嗎啡來安定神經才能入睡。最後，他的心臟無法負荷，不得不離開，真的讓我感到心疼和遺憾！後來我得知，他為了養家糊口付出了很多，仍不斷努力賺錢來維持他的家園。老天爺讓他安靜離開，這是給他最好的安排！不需要再承受冷暴力的壓力，不需要靠藥物來維持身體。人生最好的結束就是深深的睡去！

如果真的有時光機器的話，我真的很想把時間倒轉到這些事情發生之前，能做些改變，讓這些人多一些時間為社會貢獻，給我們增添更多光彩和能量。他們真的太棒了，難以用言語來形容！如果能阻止這一切發生，能重新開始一次該有多好。但我也深知這是不可能的，所以我只能改變自己的信念，把對他們的思念化為力量，努力活得開心，度過每一天。

其實人的心真的很脆弱，言語上的冷暴力其實比實際行為的傷害更大。不管對家人還是朋友，越是在乎的人，越是愛的人，越應該尊重和珍惜！但現在的人情緒都走樣，網路時代的輿論也失真，現代社會似乎不如過去農業時代的人情真誠！

剛好店休三天，我獨自一個人前往宜蘭羅東住了四天三夜。這是我人生中第一次一個人出門玩，朋友介紹我偶爾會開計程車的叔叔載我到達目的地，我沒辦法去坐太多人的火車跟捷運，我從沒有自己一個人出去玩過，因為我毫無方向感，哈哈！我很可能會走丟，所以我選擇簡單便利的民宿在裡面耍廢了四天。

抵達的第一天傍晚，天氣並不熱，我想說去羅東公園散步，應該花 15 分鐘就能走到，結果我花了 30 分鐘，那裡的景色和步道是我選擇那家民宿的原因。來想每天去走走，尋找靈感，但第一天我就放棄了。走到目的地時，的確景色非常美麗，湖畔有成群的漂亮鳥兒，但我走了 30 分鐘後體力就不支，而且我容易被蚊子叮，讓我難以好好休息。所以看了一部分景色，我急忙往回走，來回花了一個小時多，我的體力無法

承受。回到民宿後，趕快喝水降溫，讓呼吸恢復正常。我發現我的身體狀況還是適合耍廢就好！我帶了幾本書和小說，好久沒看書，順便再尋找一些靈感。

那幾天我自己玩得很開心，想想未來我可以繼續突破自己，繼續一個人的旅行，最後一天，朋友來載我到宜蘭的附近走走，才正常吃了一餐，因為前面幾天我買了香蕉跟幾個麵包，打算不出門就要廢，結果真的沒有出門，我朋友都被我打敗了，不出門可以，但是亂吃東西不正常，我說偶爾有什麼關係正好減肥呀！

要寫書才知道作家還真不容易，而且真的會廢寢忘食進入無我的境界，很多章節我都會反覆的回頭檢查，看有沒有錯漏了什麼，陪我一起寫書的小編朱爸爸說我讀書有沒有這麼認真？我說沒有，我還真沒有認真讀書過，以前每天跑步忙碌得很，大一點的時候只想要努力賺錢。

那時候的環境還沒想到要讀書考好的學校，以後才會有能力賺更多的錢，現在有了小孩才一直逼自己的小

孩認真讀書，未來才有能力。年代不同，現在的年代要有知識跟智慧還要才能，現在的科技時代都要看學歷還有能力，薪水當然就會比做工的還多。

以前我們的年代，農業社會中物質的慾望跟消費的慾望差很多，那時候沒有網路的小孩生活都很正常，時間到了就要早睡早起，以前都記得看完孫叔叔說故事就去睡覺！突然想起來還真懷念可愛的故事內容。

現在的小孩都要超過 10 點、11 點才能睡覺，現在的電視節目也多元化，網路世界讓大家沒那麼無聊，生活也沒那麼無趣。現在有很多韓劇、日劇，甚至動漫也都畫得那麼生動好看！讓現代添加了一些色彩，但也出現了很多宅男宅女。過動的小孩整天只知道遊戲、上網、看韓劇，動漫是真的療癒，但也有點讓人太安逸，失去了一些鬥志跟生活的能力，迷失自我的感覺。

編後語

現在提到，我努力跟我現在的身體好好相處，還有我的心態，現在是不管我剩下多少的歲月，多少的時間，我用 10 倍來過我現在的生活，放鬆、做自己！我現在單身，很多人一直要找介紹有錢的對象給我，他說我辛苦一輩子應該找個有錢人。

我說我不想，我自己就會賺錢，我很容易滿足，現在負擔沒有那麼重，我隨遇而安的過我的日子足以。可以養小孩還有存點錢，在我未來身體還好的時候，我還想當個背包客，自我邀遊一陣子！從我懂事以來，我就不斷地在為家人付出，所有賺的錢幾乎都拿去還債，其實真的很累！所以我不想再傻了，未來我選擇自己面對我自己的人生。

我的態度是人生沒有所謂的盡頭跟終點站，只要你肯努力，只要你夠知足，不要太多的抱怨，努力進取，面對自己的人生，做好準備，人生其實就這麼簡單。沒有人能知道自己的盡頭跟終點站在哪裡，所以就要努力的走下去，這是我現在目前的目標！

故事的最後，希望大家能夠幫我把我想傳達的思想傳達出去！除了人生態度，還有希望政府能夠想出更好的方式，讓這些人沒辦法詐騙，不管大人、小孩、老人，辛苦賺的錢被騙了這真的不好受，甚至會憂鬱恐慌一陣子呢！

故事的結尾謝謝大家，謝謝支持鼓勵我的客人，最大力量、最大支持我，被需要的我的存在感是我努力的動力，我會繼續努力的走下去。

還要非常感謝我寫作的人生導師，朱爸爸跟朱媽媽。朱媽媽謝謝你辛苦為我們準備的點心，這一陣子有你們的陪伴跟鼓勵，還有支持的話語讓我了解怎麼寫書，怎麼了解自傳的方式，怎麼引導我寫出。過程能越豐富，故事內容就越精彩，當然要回想一段過程要連接在一起，這真的有點虐心好累，但是寫完之後好爽，好舒服好開心喔，謝謝朱爸爸，叫我時就盡情地揮灑吧！

國家圖書館出版品預行編目 (CIP) 資料

天啊！別逗了 = Dear heavens, don't toy with
me. / 李盈霆作 . -- 第一版 . -- 新北市 : 商鼎
數位出版有限公司 , 2023.08
　　面；　公分
ISBN 978-986-144-232-7(平裝)

1.CST: 李盈霆　2.CST: 傳記　3.CST: 欺騙
4.CST: 犯罪防制

783.3886　　　　　　　　　112012865

天啊！別逗了
Dear Heavens, Don't Toy with me.

作　　者　李盈霆

發 行 人　王秋鴻
出 版 者　商鼎數位出版有限公司
　　　　　地址／235 新北市中和區中山路三段 136 巷 10 弄 17 號
　　　　　電話／(02)2228-9070　傳真／(02)2228-9076
　　　　　網路客服信箱：scbkservice@gmail.com

編 輯 經 理　甯開遠
執 行 編 輯　廖信凱
獨立出版總監　黃麗珍
編 排 設 計　商鼎數位出版

商鼎數位文化官網

來出書吧！

2023 年 8 月 15 日出版　第一版／第一刷